Amalia als Liebesgöttin.

REGINA-BIANCA KUBITSCHECK

Geliebte und Äbtissin
Anna Amalia von Preußen

TAUCHAER VERLAG

KURZWEILIGES NR. 74

Kubitscheck, Regina-Bianca:
Geliebte und Äbtissin / Regina-Bianca Kubitscheck
1. Aufl. – [Taucha]: Tauchaer Verlag 2009
ISBN 978-3-89772-167-8

Gestaltung: Helmut Selle
Herstellung:
Neumann & Nürnberger Leipzig GmbH
Satz: Tauchaer Verlag
Druck und Verarbeitung:
Westermann Druck Zwickau
Printed in Germany
ISBN 978-3-89772-167-8

INHALT

Stürmische Kindheit

Üppiges Essen und elf rasch aufeinanderfolgende Schwangerschaften hatten am Körper der preußischen Königin ihre Spuren hinterlassen. Die Leibesfülle der sechsunddreißigjährigen Sophie Dorothea von Hannover war enorm. Zwar fühlte sie sich »seit sieben Monaten« unpässlich, doch ahnte sie nicht, dass sie erneut guter Hoffnung war.

IM MITTELPUNKT IHRES Lebens stand nämlich die preußisch-englische Doppelhochzeit. Es war ihr lang gehegter Traum, dass ihre ältesten Kinder Wilhelmine und Kronprinz Friedrich mit Friedrich Ludwig und Amalie, den Kindern ihres Bruders Georg August, vermählt werden sollten. Sophie Dorothea sah sich am Ziel, als ihr Vater George I., seit 1714 König von England, im Oktober 1723 nach Berlin reiste, um der Doppel-Verbindung seinen Segen zu geben. Bei all der Aufregung muss die Königin wohl die Kindsbewegungen unter ihrem Herzen völlig verdrängt haben. Und dann geschah es.

In der Nacht zum 9. November 1723 »erkrankte sie an heftiger Kolik, verheimlichte aber ihr Übel, so gut sie konnte, um den König nicht aufzuwecken«, lesen wir in den Memoiren von Wilhelmine. »Als sie auf gewisse Anzeichen hin merkte, dass ihr eine Entbindung bevorstand, rief sie um Hilfe. Es blieb nicht Zeit, einen Arzt und eine Wärterin zu holen, und sie brachte glücklich eine Prinzessin zur Welt, ohne andere Beihilfe als die des Königs und einer Kammerfrau. Es waren weder Windeln noch eine Wiege bereit, und

alles geriet in Verwirrung. Der König ließ mich um vier Uhr morgens rufen. Ich habe ihn nie so guter Laune gesehen, er hielt sich die Seiten vor Lachen, wenn er des Amtes gedachte, dessen er bei der Königin gewaltet hatte.« Am Nachmittag wurde das so wenig erwartete Mädchen auf den Namen Anna Amalia getauft. Als Paten fungierten auf der einen Seite die Cousins aus Hannover, Friedrich Ludwig, seinerzeit Duke of Gloucester und Nummer zwei in der englischen Thronfolge, und seine Schwester Amalie, und auf der anderen Seite Kronprinz Friedrich und Wilhelmine, die ihre Schwester über das Taufbecken hielt.

Andern Tags reiste der »Soldatenkönig« Friedrich Wilhelm I. nach Hannover ab, wo er mit seinem Schwager George I. im Jagdschloss Göhrde zusammentreffen wollte. Der preußische König war nicht weniger als sein »Fiekchen« von der Geburt Amalies überrascht worden, doch Zweifel an seiner Vaterschaft kamen ihm nicht. Bis ihm sein intriganter Minister Friedrich Wilhelm von Grumbkow »durch geschickte und undeutliche Anspielungen«, wie sich Wilhelmine erinnerte, darauf aufmerksam machte, dass die Königin ihm wohl untreu gewesen sein muss. Schließlich war sie die Tochter von Sophie Dorothea von Braunschweig-Lüneburg, jener unglücklichen Prinzessin von Ahlden, die mit Philipp Christoph Graf von Königsmarck Ehebruch begangen hatte. Bekanntermaßen fiel der Apfel ja nicht weit vom Stamm.

Einmal mehr dürfte Friedrich Wilhelm die Heirat mit Sophie Dorothea bereut haben. Eigentlich hatte er sich in Caroline von Brandenburg-Ansbach verliebt gehabt, doch ehe er seine Gefühle aussprechen konnte, hatte sie sein Vetter Georg August vor den Trau-

altar geführt. Friedrich Wilhelm musste sich schließlich – allerdings auf eigenen Wunsch – mit Georg Augusts Schwester begnügen. Es war eine beiderseitige Hassliebe. Schon zu Beginn ihrer Ehe zeigte der sittenstrenge Friedrich Wilhelm, was er von Sophie Dorotheas Eitelkeit und Freude am Putz hielt: er schnitt ihr einfach die Haare ab. Derart verunstaltet, hatte sie wenig Grund, anderen Männern schöne Augen zu machen. Friedrich Wilhelm wurde von einer quälenden Eifersucht geplagt, die er auch nach siebzehn Jahren Ehe nicht hatte bezähmen können. »Wie ein Wütender«, so Wilhelmine, kehrte der König aus Göhrde zurück und warf der Königin »ihre vermeintliche Untreue« vor. Es folgte wieder eine jener hässlichen Eheszenen, die solange andauerte, bis die harte Schale des Königs brüchig wurde und den weichen Kern offenbarte. »Der König ging in sich, bat die Königin unter vielen Tränen, welche für die Güte seines Herzens zeugten, um Vergebung, und es herrschte wiederum Friede.«

Insofern täuschte der reiche Kindersegen des preußischen Königspaares eine harmonische Ehe nur vor. Zum Zeitpunkt von Amalies Geburt waren von ihren elf Geschwistern noch sieben am Leben. Friedrich Ludwig, der Erstgeborene, war gerade einmal sechs Monate alt geworden. Das zweite Kind, geboren 1709, war »nur« ein Mädchen, Wilhelmine. Friedrich Wilhelm erlebte seinen ersten Geburtstag nicht. Doch dann kam 1712 endlich ein lebensfähiger Kronprinz zur Welt: Friedrich. Die im Jahr darauf geborene Charlotte verstarb elf Monate nach ihrer Geburt. 1714 und 1716 erblickten mit Friederike Luise beziehungsweise Philippine Charlotte zwei weitere Hohenzollern-Prinzessinnen das Licht der Welt. Prinz Karl starb im Alter von zwei Jahren. Der 1719 geborenen

Sophie folgte ein Jahr später mit Luise Ulrike ein weiteres Mädchen. 1722 wurde Sophie Dorothea wieder von einem Sohn entbunden. August Wilhelm avancierte schnell zum Liebling seines Vaters. Zwei Jahre nach Amalies »Sturzgeburt« kam die Königin mit Prinz Heinrich nieder. Schließlich sollte der 1730 geborene Prinz Ferdinand das letzte Kind des ungleichen Königspaares sein.

Prinzessin Anna Amalia und Prinz August Wilhelm, Antoine Pesne um 1730.

Zwar wuchs Amalie in einer Großfamilie auf, aber ein Zusammenhalt, verbunden mit Geborgenheit und Nestwärme, gab es am preußischen Königshof nicht. Im Gegenteil. Glauben wir Wilhelmines Erinnerun-

gen, war das Familienleben vergleichbar mit der Hölle auf Erden. Aber Vorsicht. Der Zorn des preußischen Königs fokussierte sich nämlich in erster Linie auf Wilhelmine und Friedrich, denn hauptsächliche Ursache allen Gezänks war vor allem die englische Doppelhochzeit. Während sie Friedrich Wilhelm I. ein Dorn im Auge war, bedeutete sie für Sophie Dorothea das Maß aller Dinge. Folglich waren und wurden Wilhelmine und Friedrich hin- und hergerissen zwischen den unterschiedlichen Interessen und Ambitionen der Eltern. Sie buhlten um die Gunst des Königs und der Königin, wie es sonst nur Höflinge zu tun pflegten, und standen am Ende doch nur auf der Verliererseite. Wilhelmine legt in ihren Memoiren selbst Zeugnis ab, dass die jüngeren Kinder sich durchaus Freiheiten erlauben durften. Friederike beispielsweise sagte »sogar Wahrheiten, ohne dass es ihm [den König] erzürnte«. Als Friederike eines Tages wagte, sich über das Essen zu beschweren, entlud sich der königliche Groll auf – nein, nicht Friederike – Wilhelmine und Friedrich. »Er warf erst einen Teller an den Kopf meines Bruders, der dem Wurfe auswich; dann ließ er einen in meine Richtung fliegen, und ich vermied ihn ebenso. Auf diese ersten Feindseligkeiten folgte nun ein Hagel von Schmähungen ... Wir erhoben uns von Tische; und da wir an ihm vorbeigehen mussten, schlug er mit seiner Krücke nach mir, aber ich wich zum Glück aus, sonst hätte er mich zu Boden geschlagen.« Zu allem Unglück entwickelte sich Friedrich entgegen den väterlichen Vorstellungen. Den geistigen Interessen seines Erben, der so gern auf der Flöte spielte, stand der »Soldatenkönig« hilflos gegenüber. Mit dem Stock hoffte er, die Flausen austreiben zu können. Was er damit erreichte, war freilich das Gegenteil. Im August 1730 eskalierte

schließlich die andauernde Familienkrise. Während einer gemeinsamen Reise mit dem Vater versuchte Friedrich zu fliehen. Sein Vorhaben war indes entdeckt, ehe er auch nur außer Reichweite hätte entschwinden können, was vermuten lässt, es handele sich nur um einen Hilfeschrei des Kronprinzen. Doch hatte er wohl nicht mit den drastischen Folgen gerechnet. Friedrich Wilhelm verbrachte seinen Erben als Gefangenen nach Küstrin, wo er dem Kriegsgericht überstellt wurde. Der Rest ist bekannt. Das Gericht erklärte sich im Falle von Friedrich für nicht zuständig. Friedrichs Freund und Mitverschwörer Hans Hermann von Katte endete auf ausdrücklichen Wunsch des Königs auf dem Schafott. Friedrich Wilhelm zwang seinen Sohn, der Hinrichtung beizuwohnen; eine Ohmacht erlöste ihn von den schrecklichen Bildern. Ein paar Tage später begnadigte der König seinen ungehorsamen Sohn; natürlich hatte sich Friedrich zuvor dem Willen seines Vaters zu unterwerfen ...

Der Altersunterschied zwischen Amalie und ihren Geschwistern bedingte zwangsläufig, dass sie zu den jüngeren ein engeres Verhältnis hatte. Mit der drei Jahre älteren Ulrike bewohnte sie ein Appartement, das aus einem Wohnzimmer und zwei Schlafzimmern bestand. Die Prinzessinnen befanden sich freilich in erster Linie in der Obhut der Gouvernanten. Doch die dürften den aufgeweckten Lebensgeistern ihrer Schützlinge nur leidlich standgehalten haben. Die Erziehung einer Prinzessin zielte ab auf ihre zukünftige Rolle als Gemahlin eines regierenden Fürsten. Lesen, Schreiben, Rechnen, Religion, Sprachen wie Deutsch und Französisch, Geografie und Geschichte gehörten zum täglichen Unterrichtsrepertoire. Darüber hinaus legte Friedrich Wilhelm I. Wert

auf die Unterweisung der Tugenden und der Frömmigkeit. Demut und Bescheidenheit sollten den Charakter einer preußischen Prinzessin auszeichnen, und nicht Ehrgeiz, Eitelkeit, Neid und Stolz. Allein, Amalie sollte so ganz und gar nicht diesem Bild entsprechen.

Das Berliner Schloss, wo Amalie das Licht der Welt erblickt hatte, war der Hauptwohnsitz der königlichen Familie. Die Sommermonate verbrachte sie im Schloss Königs Wusterhausen, das Friedrich Wilhelm als zehnjähriger Knabe von seinen Eltern geschenkt bekommen hatte. Hier konnte er seiner Jagdleidenschaft frönen und lud zum berühmten Tabakskollegium ein. Königin Sophie Dorothea residierte dagegen mit Vorliebe im Schloss Monbijou. Das von Eosander von Göthe erbaute Schloss diente der Königin als Rückzugsort, wo sie ihr Leben nach ihrem Gutdünken einrichten konnte.

Das Leben bei Hof entbehrte indes jeglichen Prunk und Luxus. Von einer barocken Prachtentfaltung wie unter Friedrich I. und Sophie Charlotte von Hannover konnte keine Rede sein. Denn seit der Thronbesteigung Friedrich Wilhelms diktierte die Sparsamkeit das höfische Protokoll. So standen auf der Familientafel auch keine Delikatessen, sondern einfache Speisen. Da es sich dabei aber vorwiegend um schwer verdauliches Gemüse handelte, ließen die Kinder die Finger davon, mit der Folge, dass sie über einen leeren Magen klagten. Amalie kompensierte ihr Hungergefühl anscheinend mit Süßspeisen und anderen Naschereien, denn sie entwickelte sich zu einer wohlgenährten Prinzessin, was ihr den Spitznamen »dicke Lily« eintrug. Manchmal gab es aber Anlässe, bei denen der König seinen Hang zum Geiz vergaß und ganz tief in die Staatskasse griff. Als August der

Starke Ende Mai 1728 zu einem Staatsbesuch kam, gab es Festmähler, Bälle und andere der Zerstreuung dienende Geselligkeiten. Der preußische Hofmaler Antoine Pesne hielt diesen Glanzpunkt am preußischen Hof mit dem Pinsel fest und platzierte die vierjährige Amalie neben der imposanten Erscheinung des sächsischen Kurfürsten und König von Polen, während ihre Schwestern auf den rechten Bildrand »verbannt« wurden.

Empfang August des Starken Ende Mai 1728.

Ende Mai 1729 läuteten erstmals die Hochzeitsglocken im Hause Hohenzollern. Doch weder Wilhelmine noch Friedrich traten vor den Traualter, sondern Friederike. Durch die Ehe mit Markgraf Carl Wilhelm Friedrich von Brandenburg-Ansbach hoffte Friedrich Wilhelm I. den preußischen Erbanspruch auf die Markgrafenschaft zu sichern. Da der König dem Plan einer Doppelheirat mit dem englischen Königshaus nie

wohlgesinnt gewesen war, beschloss er, Wilhelmine mit dem Erbprinzen Friedrich von Bayreuth zu vermählen. Im März 1732 wurde schließlich die Verlobung Friedrichs mit Elisabeth Christine von Braunschweig-Bevern verkündigt. Da deren Bruder Carl mittlerweile Prinzessin Charlotte versprochen war, sollte es trotzdem noch eine Doppelhochzeit geben. Am 12. Juni 1733 führte Friedrich in Salzdahlum bei Wolfenbüttel Elisabeth Christine vor den Traualtar. Der Kronprinz war über die Wahl seiner Braut »sehr wütend«, denn sie gefiel ihm ganz und gar nicht. Zu Elisabeth Christines Unglück schloss sich die Hohenzollern-Familie Friedrichs Meinung an, auch Amalie. Die zukünftige preußische Königin sollte vor dem scharfen Mundwerk ihrer Schwägerin nie sicher sein. Als schließlich mit Markgraf Friedrich Wilhelm von Brandenburg-Schwedt auch für Sophie ein Bräutigam gefunden worden war, Kronprinz Friedrich überdies als Oberst eines Infanterieregiments meistens in Ruppin weilte, kehrte vergleichsweise Stille ein.

Anlass zur Sorge bereitete die folgenden Jahre der schwache Gesundheitszustand von Amalies Vater. Nur durch seine eiserne Selbstdisziplin hielt er den anhaltenden Schmerzen stand. Im Winter 1739/40 ging es mit dem »Soldatenkönig« jedoch rapide bergab. »Es ist nicht mehr die Gicht, sondern Wassersucht in den Füßen«, schrieb der Kronprinz nach Bayreuth. Darüber hinaus litt er an Verstopfung und Atemnot, »dazu furchtbare Wutanfälle und hin und wieder Geistesgestörtheit. Dabei ist nichts mehr zu hoffen; es sind zu viele Krankheiten auf einmal.« Doch erst am 31. Mai 1740 gab Friedrich Wilhelm I. den Todeskampf auf.

Friedrich II., der als »der Große« oder »der Alte Fritz« in die Geschichte eingehen sollte, zeigte von

der ersten Stunde seines Regierungsantritts, dass von nun an ein anderer Wind wehte. Er schuf die Folter und die vom Vater so sehr geliebten »Langen Kerls« ab und »verbannte« die Königin nach Schönhausen. Während der »Sonnenkönig« Louis XIV. »Der Staat bin ich« zu sagen pflegte, wählte Friedrich als Motto »Ich bin der erste Diener meines Staates«.

Auch Amalies Haushalt erfuhr eine Veränderung. Mit Frau von Blaspiel, ehemals Gesellschafterin von Königin Sophie Dorothea, erhielt sie eine neue Hofmeisterin. »Sie konnte für eine Schönheit gelten, ihr gründlicher und lebhafter Verstand erhöhte auch die Reize dieser Person«, notierte Wilhelmine. »Ihr Herz war edel und aufrichtig, aber zwei große Fehler, die unglücklicherweise den meisten Frauen anhaften, verdunkelten ihre schönen Eigenschaften: sie war kokett und neigte zur Intrige.« Tatsächlich hatte sie sich zu derselben verleiten lassen, was sie mit einer einjährigen Haft in Spandau und der anschließenden Verbannung nach Kleve verbüßte. Einige Jahre später nahm sie der »Soldatenkönig« wieder in Gnaden auf, und Friedrich II. berief sie schließlich »zur Erzieherin« seiner beiden jüngeren Schwestern. Fraglich, ob eine Erziehung noch viel ausrichten konnte, denn Amalie war nun beinahe siebzehn Jahre alt. Zur Schönheit erblüht, geistreich, schlagfertig und gewandt, war sie den Verlockungen des seit dem Tod des »Soldatenkönigs« wieder aufgelebten Hoflebens ausgesetzt. Und schon damals hatte Amalie mit einem Laster zu kämpfen: Schulden. König Friedrich gestand seinen Schwestern jährliche Einkünfte in Höhe von 400 Talern zu. Doch er hatte ja keine Ahnung, was eine Damenausstattung kostete, und schließlich gab es auch noch das »nicht zu vermeidende Kartenspiel«. Als im Frühjahr 1743 Amalies Schul-

den auf 1.800 Taler und Ulrikes auf 1.500 Taler angewachsen waren, sahen sie sich zu einem Offenbarungseid gegenüber dem König gezwungen. Wir dürfen annehmen, dass er (begleitet von einem Stoßseufzer) die Verbindlichkeiten seiner kleinen Schwestern beglichen hat.

Anna Amalia, Antoine Pesne um 1740.

Die große Liebe?

Nach damaligen Maßstäben war es verwunderlich, dass Amalie und ihre Schwester Ulrike noch nicht unter der Haube waren. Während beider Schwester Friederike schon mit vierzehn Jahren in den Ehestand getreten war, galten die dreiundzwanzigjährige Ulrike und die drei Jahre jüngere Amalie beinah als alte Jungfern.

DABEI GAB ES durchaus einige Herren, die sich für die Prinzessinnen interessierten. Aus Russland lag ein Antrag von Zarin Elisabeth für ihren Neffen, Großfürst Peter von Holstein-Gottorp, vor. Doch der zukünftige Zar Peter III. heiratete schließlich Sophie von Anhalt-Zerbst, nachmalige Katharina II. die Große. Zarin Elisabeth hatte auch bei der Anfrage aus Schweden ihre Finger im Spiel. So hatte sie durchsetzen können, dass ihr Vetter Adolf Friedrich von Schleswig-Holstein-Gottorp als Thronerbe Schwedens anerkannt wurde, und derselbe suchte nun eine Frau aus dem preußischen Königshaus. Dem schwedischen Gesandten Rudenskjöld fiel die Aufgabe zu, die beiden Prinzessinnen in Augenschein zu nehmen, und stellte fest: »Die Ältere ist mehr zu einer Königin geschaffen, die jüngere mehr, was man eine bonne femme nennt.«

Aus den Erinnerungen von Diedonné Thiébault, den König Friedrich 1765 als Professor für französische Grammatik nach Berlin geholt hatte, erfahren wir, dass der schwedische Hof eigentlich Amalie als Braut auserkoren hatte, »die im vollen Glanz von Ju-

gend, Schönheit und Geist stand, und deren Liebenswürdigkeit allgemein gerühmt wurde, während ihrer ältere Schwester Ulrike schon damals wegen ihrer scharfen Zunge und ihres zuweilen hochfahrenden Wesens gefürchtet wurde.« Doch da Amalie es aus Gewissensgründen ablehnte, vom calvinistischen zum lutherischen Glauben zu konvertieren, bat sie Ulrike um Rat. »Ulrike schlug ihr vor, in allen Gesellschaften, besonders in denen, wo der Stockholmer Abgesandte zugegen wäre, eine möglichst hochmütige Miene zur Schau zu tragen, sich launenhaft und absprechend zu zeigen, auf Komplimente nur durch verächtliche Gebärden zu antworten, mit einem Wort, sich so unleidlich wie möglich zu benehmen. Amalie befolgte diesen Rat und setzte durch ihr verändertes Wesen den ganzen Hof in Erstaunen, besonders aber den Herrn aus Schweden. Da der Gesandte noch keine bestimmten Aufträge hatte, um welche der beiden Schwestern, Ulrike und Amalie, er anhalten sollte, so berichtete er schleunigst nach Stockholm, wie irrig das bisher allgemein verbreitete Urteil über die Prinzessin Amalie wäre, und empfahl Prinzessin Ulrike, die sich als ein wahres Muster von Sanftmut und Herzensgüte zeigte. Der schwedische Hof billigte diesen Vorschlag; der Gesandte überreichte sein Beglaubigungsschreiben und brachte den Antrag vor; der König und Prinzessin Ulrike nahmen ihn an und wenige Tage später wurde die Verlobung erklärt und gefeiert.«

Diese Begebenheit, sofern sie tatsächlich stattgefunden hat, schließlich war Thiébault kein Augenzeuge, führte nun dazu, dass Ulrike und nicht Amalie Kronprinzessin von Schweden wurde. Amalie freute sich mitnichten über die Verlobung ihrer Schwester. Sie fühlte »sich erniedrigt und gefoppt« und war davon

überzeugt, dass Ulrike sie hintergangen hatte, um Königin von Schweden zu werden. »Kurz, Amalie blieb wütend«, berichtete er weiter. »Es traf sich, dass die hohe Dame gerade an diesem Tage Trost – und vielleicht Rache sehr nötig hatte.« In dieser Gemütsverfassung begegnete Amalie nun Friedrich Freiherr von der Trenck.

Prinzessin Sophie Ulrike, Antoine Pesne um 1744.

»Im Winter 1743 war das Beilager der Schwester des Königs«, lesen wir in Trencks Memoiren. »Ich hatte als Offizier der Garde dabei die Ehrenwache und das Glück, die königliche Braut bis nach Stettin

zu eskortieren. Bei diesem Beilager, wo das Gedränge im Saal zum Erstaunen war und ich die Inspektion hatte, wurde mir selbst, als wachhabendem Offizier, der hintere Teil der rotsamtenen Überweste mit der reichen Stickereiarbeit von einem Spitzbuben weggeschnitten und zugleich die Uhr gestohlen. Dieses verursachte ein scherzendes Gespött mit dem gestutzten wachhabenden Offizier, und eine große Dame sagte mir bei vorteilhafter Gelegenheit, sie würde mich über meinen Verlust beruhigen. Der Ausdruck war von einem Blick begleitet, den ich gern verstand; und innerhalb von wenigen Tagen war ich der glücklichste Mann in Berlin. Es war unsere beiderseitige erste Liebe. Und da sie meinerseits mit der tiefsten Ehrfurcht verbunden war, so reut mich ewig kein Unglück, welches aus so edler Quelle sich in mein ganzes Schicksal verbreitete – das Geheimnis folgt mir sicher bis zum Grabe.«

Wie wir wissen, tat es das nicht. Viele Jahre später lüftete Trenck das Geheimnis in einer Spottschrift. Die »große Dame« soll niemand sonst als Prinzessin Amalie gewesen sein. Als der Baron dies bekannte, war Amalie bereits tot. Insofern stellt sich die Frage, ob die Romanze nur auf Trencks blühender Phantasie beruhte. Weil Memoiren im 18. Jahrhundert gerade »a la mode« waren, griff auch der an chronischem Geldmangel leidende Baron zur Feder und schrieb sich sein Abenteurerleben von der Seele. »Die Welt ist begierig neue Romane zu lesen, sie bezahlt am besten, wenn wirkliche Geschichten in Romangestalt vorgetragen werden, und ich brauche Geld für meine treue Arbeit.« Die ersten beiden Bände »Des Friedrich Freiherrn von der Trenck merkwürdige Lebensgeschichte« erschienen 1786, wenig später veröffentlichte er den dritten Band, zwei weitere sollten folgen.

Die Wahrheit ist, dass Trenck in seinen Erinnerungen mit Daten und Fakten spielte, wie es am Besten in sein Konzept passte. Was die erste Begegnung mit Amalie betraf, fand sie definitiv nicht, wie Trenck behauptet, im Winter 1743 statt. Die Verlobung Ulrikes mit dem schwedischen Thronfolger war im Frühling 1744 bekannt gegeben worden, die Heirat in Stellvertretung fand am 17. Juli 1744 in Berlin statt. Vielleicht nahm es Trenck mit dem Datum nicht ganz so genau, um, ganz Kavalier, die Ehre seiner Angebetenen zu schützen.

Wie verhält es sich aber mit den anderen Zeitzeugen? Thiébault schrieb zu einem Zeitpunkt, als die Protagonisten schon längst unter der Erde lagen. Zwar war er Trenck persönlich begegnet, doch konnte er ebenso gut auf die bereits erschienenen Memoiren des Freiherrn zurückgreifen. Leider finden sich in allen weiteren zeitgenössischen Berichten keine Hinweise auf eine Begegnung zwischen Amalie und Trenck. Baron Bielfeld, der einen minutiösen Bericht über die Vermählung Ulrikes verfasste, schweigt ebenso wie Gräfin Voss, die als junges Fräulein von Pannwitz an den Feierlichkeiten teilnahm. Aber der Mangel an Beweisen bedeutet ja nicht, dass keine Begegnung stattgefunden hat. Amalie war keine Närrin. Wenn sie Trenck bei »vorteilhafter Gelegenheit« angesprochen hat, dann freilich ohne Zeugen. Und das eine heimliche Beziehung bestehen und funktionieren kann, beweist ja die Affäre von Amalies Großmutter, der berühmt gewordenen Prinzessin von Ahlden, mit Philipp Christoph Graf von Königsmarck. Allerdings dürfte der tragische Ausgang der Romanze auch eine Warnung für Amalie gewesen sein.

Wer war nun dieser Mann, dessen Charme Amalie erlegen sein soll?

Friedrich Freiherr von der Trenck kam am 16. Februar 1727 in Neuhaldensleben zur Welt. Seine Eltern waren Christoff Ehrenreich, Oberstleutnant eines preußischen Kürassierregiments, und Charlotte von Derschau. 1729 wurde Trencks Vater als Regimentskommandeur nach Königsberg versetzt, wo er 1740 als Generalmajor starb. Trencks Mutter blieb nicht lange Witwe. Sie heiratete Graf Lostange und zog mit ihm und dem jüngsten Sohn nach Breslau, während Trenck unter der Vormundschaft seines Großvaters mütterlicherseits aufwuchs. Seine anderen Geschwister hatten inzwischen das Haus verlassen. In Königsberg besuchte Trenck die Universität. Er studierte Jura, Physik, Philosophie und die Ingenieurskunst, entschied sich dann aber, die militärische Laufbahn einzuschlagen. Am 1. Juli 1744 trat er in die Garde du Corps ein, die persönliche Leibwache des Königs und zugleich eine Mustereinheit für die gesamte Kavallerie. Zweieinhalb Wochen darauf begegnete der Achtzehnjährige seiner ersten Liebe: Prinzessin Amalie. »Nun war ich also in Berlin auf allen Seiten glücklich. Ich war geachtet, mein König zeigte mir Gnade bei allen Gelegenheiten, meine Freundin gab mir mehr Geld, als ich brauchte, und bald war meine Equipage die prächtigste bei der Garde.« Trencks plötzlicher Reichtum verursachte freilich Neid, und seine häufigen Abwesenheiten warfen Fragen auf. Trenck will seinen Lesern weismachen, dass König Friedrich über sein amouröses Abenteuer im Bilde war und ihn mit einem gnädigen Lächeln vom Arrest verschonte.

Abgesehen von den anderen Halbwahrheiten, die der Baron in seinen Erinnerungen niederschrieb, rükken einige HistorikerInnen allein schon deshalb eine Affäre zwischen Amalie und Trenck in das Reich der

Fabel, da das »rein zeitlich geradezu unmöglich sei«. Denn da der zwischenzeitlich zum Kornett ernannte Freiherr von der Trenck Mitte August mit seinem Regiment in den Zweiten Schlesischen Krieg zog, wären den Liebenden nur drei Wochen geblieben. Doch wie viel Zeit braucht die Liebe? Natürlich gibt es die langsam wachsende Zuneigung, die sich später zu einer festen und dauerhaften Partnerschaft entwickelt. Aber vergessen wir nicht die berühmte »Liebe auf den ersten Blick«: Man sieht sich das erste Mal und weiß sofort, dass man füreinander bestimmt ist.

Nehmen wir einmal an, Amalie und Trenck wären sich auf besagtem Fest begegnet und wären in Liebe zueinander entbrannt. Sie sehen sich an und vergessen Zeit und Raum. Sie nehmen nichts mehr um sich herum wahr, weder die Musik noch die Gespräche und das Gedränge. Irgendwo in Amalies Hinterkopf schrillte eine Alarmglocke, aber sie wollte sie nicht hören. Nur das heftige Zupfen an ihrem Ärmel brachte sie zurück in die Gegenwart. Doch ehe sie das Wort an den Offizier richten konnte, war er schon im Gewühl der Menge untergetaucht. Sie spürte ihre Wangen glühen und warf ihrer jungen Hofdame, nennen wir sie Julie, einen fragenden Blick zu. Diese zuckte mit den Schultern, fasste Amalie bei der Hand und bahnte ihrer Herrin einen Weg zum Weißen Saal, wo die Gäste zum Menuett Aufstellung bezogen hatten.

Den ganzen Abend über hatte Amalie nach dem gut aussehenden Mann in dem roten Garde-du-Corps-Rock Ausschau gehalten, doch er war wie vom Erdboden verschluckt. Als sie sich im Morgengrauen von Julie entkleiden ließ, redete sie unablässig von dem Offizier. Wer er wohl sei? Lange kann er noch nicht im Dienst ihres königlichen Bruders stehen, denn sonst wäre sie ihm doch schon längst begegnet. Ach,

sie musste ihn wiedersehen! Unter allen Umständen! Amalie sprang vom Stuhl vor ihrer Frisierkommode und trug Julie auf, schnellstmöglich seinen Namen in Erfahrung zu bringen. Das brauche sie nicht, antwortete das Mädchen. Friedrich Freiherr von der Trenck sei nämlich am Hof aufgrund seiner Eitelkeit, seiner nicht unerheblichen Spielschulden und vor allem wegen seiner Weibergeschichten bekannt wie ein bunter Hund. Amalie hob erstaunt und zweifelnd zugleich die linke Augenbraue in die Höhe, vor allem als die Hofdame sie warnte, sich in Gefahr zu begeben. Dem König entgehe nichts. Die Prinzessin wehrte jedoch mit einer energischen Handbewegung ab. Ach was! Friedrich ist doch viel zu beschäftigt mit den Vorbereitungen für den bevorstehenden Feldzug gegen die österreichische Hexe. Julie wagte sich einen Schritt vor und hielt Amalie das Schicksal ihrer Großmutter vor Augen. Diese zuckte zusammen und erinnerte sich auch an all die anderen unstandesgemäßen Verbindungen in ihrer Familiengeschichte, wie die ihrer Urgroßeltern Herzog Georg Wilhelm von Braunschweig-Lüneburg und Eleonore d'Olbreuse, einer Hugenottin aus französischem Adel. Aber vor allem ihre schottischen und englischen Vorfahren hatten sich sehr oft der Staatsräson widersetzt. So hatte die Witwe des englischen Königs Henry V., Catherine de Valois, einen walisischen Niemand namens Owen Tudor zum Ehemann erkoren und wurde schließlich Stammmutter einer neuen Dynastie. Maria Stuart hatte sogar die Dreistigkeit besessen, den mutmaßlichen Mörder ihres zweiten Gemahls zu heiraten.

Julie gab Amalie Recht. Sie schien prädestiniert zu sein, in die Fußstapfen ihrer Ahnen zu treten. Aber gerade deshalb müsse sie es vermeiden, denn ihre Vorfahren hatten auch um Anerkennung ihrer Ehen

kämpfen müssen. Mögen ihre Urgroßeltern und Catherine de Valois vielleicht glücklich geworden sein, aber Maria Stuart verlor ihren Kopf!

Nun wurde Amalie zornig. Was redet Sie da für einen Unsinn! Sei Sie still! Julie blickte beschämt zu Boden. Sie wusste, dass weitere Argumente nur das Gegenteil bewirken würden, denn wenn sich ihre Herrin einmal etwas in den Kopf gesetzt hatte, gab es kein Zurück mehr.

Anna Amalie und Freiher von der Trenck, Stich um 1790.

Treu und ergeben, wie die Hofdame einmal war, schlug sie nach einer Weile des Schweigens vor, als Zwischenträgerin zu fungieren. Amalie erstrahlte über die Sinneswandlung des Mädchens und setzte sich sogleich an den Sekretär. Hastig warf sie einige Zeilen zu Papier. Julie nahm das Billett an sich und machte sich auf die Suche nach Trenck oder besser nach seinem Burschen, denn eine direkte Kontaktaufnahme würde womöglich zu auffällig erscheinen.

Nur zwei Stunden später hielt Amalie Trencks Antwort in den Händen. Sie versteckte den Brief erst in ihrem Ausschnitt, besann sich dann eines Besseren und warf das Papier in den Kamin. Den Fehler der Großmutter und ihres Geliebten, deren Korrespondenz sie letztendlich überführt hatte, wollte sie nicht wiederholen. Und sie nahm sich vor, Trenck einzuschärfen, es ihr gleichzutun.

Am Nachmittag folgte der Baron Amalies Einladung zu einer Audienz. Mit geröteten Wangen und zitternden Händen reichte die Prinzessin ihm ein Etui. Ich habe Ihnen doch versprochen, Sie über den Verlust zu beruhigen, sagte sie. Trenck betrachtete die Uhr und schluckte verlegen. Und hiermit, Amalie drückte ihm eine Geldkatze in die Hand, können Sie Ihre Uniform wieder in Stand setzen lassen. Er versuchte, die Annahme zu verweigern, doch Amalie umschloss seine Hände mit den ihren. Durchdringend sah sie ihn an und er verstand.

Sie waren aus dem gleichen Holz geschnitzt. Die Schwester des Königs war kühn wie Trenck ein Mann mit Courage war. Um unentdeckt ins Schloss zu gelangen, bedurfte es nicht viel Mühe. An einem verabredeten Ort empfing ihn Julie, die ihm durch dunkle, seit Jahrzehnten unbenutzte Gänge zu den Gemächern der Prinzessin geleitete. Die mit bloßem Auge

nicht erkennbare Tapetentür öffnete sich und Amalie erwartete ihn mit offenen Armen. Es war wider aller Vernunft. Sie spielten mit dem Feuer. Beide wussten, dass es keine gemeinsame Zukunft geben konnte. Die Schranken der Konvention waren einfach zu hoch. Und dennoch, der Reiz des Verbotenen, des Unmöglichen, verführte dem Drang der Gefühle nachzugeben. Die wenigen Stunden der Nacht gehörten nur ihnen allein ...

So oder so ähnlich könnte sich der Beginn der Romanze abgespielt haben. Eckart von Naso hat seine Version in dem Roman »Preußische Legende« niedergeschrieben und Bruno Frank schilderte sie in »Trenck. Roman eines Günstlings«. Nachdem Trencks Lebensgeschichte 1973 in einem Sechsteiler verfilmt worden war, wagte sich das Zweite Deutsche Fernsehen im Jahre 2002 noch einmal an den Stoff. Nach einem Drehbuch von Walter Kärger kämpften die Hauptdarsteller um ihre Liebe, und die Geschichte schloss im Gegensatz zu den historischen Tatsachen mit einem Happy End. Trotz unterschiedlicher Interpretation der Affäre hat aber keiner der Autoren ihnen Nachwuchs angedichtet. Zwar tauchte im 19. Jahrhundert eine in Ostfriesland verheiratete Dame namens Amalia Herlyn, geborene von Schönhausen auf, die angeblich das Kind der Liebe der preußischen Prinzessin und des Barons sei, doch hundert Jahre später wurde zweifelsfrei bewiesen, das es sich um eine Betrügerin handelte. Denn aufgrund von Eintragungen im Kirchenbuch war sie im Jahre 1737 geboren worden, also zu einem Zeitpunkt, als sich Amalie und Trenck weder kannten noch alt genug waren, um Kinder in die Welt zu setzen.

Wie bereits erwähnt, war Trenck am 15. August 1744 in den Krieg gezogen. Nach einigen Abenteuern,

die er an des Königs Seite erlebt haben will, kehrte er Mitte Dezember nach Berlin zurück. »Hier war ich nun wieder der glücklichste Mensch und mit offenen Armen empfangen«, gestand der Baron treuen Herzens. Der verliebte Offizier ließ es bei seinen Tête-à-têtes jedoch an Vorsicht fehlen, und es blieb nicht aus, dass er wegen seiner Geheimniskrämerei aufgezogen wurde. Mit Trenck ging sein nach eigenem Bekenntnis sanguinisch-cholerisches Temperament durch, und er lieferte sich wegen seiner Herzensdame ein Duell! Wie aufregend! Die Strafe folgte auf dem Fuße: Er kam in den Arrest.

Im Frühjahr wurde schließlich der Krieg in Schlesien fortgesetzt. Das Schicksal wollte es, dass der preußische Trenck gegen seinen Vetter, den kaiserlichen Pandurenoberst Franz von der Trenck, kämpfen musste. Dramatischer konnte dem Baron das Geschick wohl nicht ereilen! Natürlich würde nur einem Narren einfallen, während des Krieges mit dem Feind, sei es auch ein Cousin, zu korrespondieren. Friedrich von der Trenck war ein Narr. »Verwahrt sehr streng diesen Schelm; er hat bei seinem Onkel [Vetter] Pandur werden wollen«, schrieb König Friedrich am 26. Juni 1745 an General Fouqué, den Glatzer Festungskommandanten. Trenck verstand die Welt nicht mehr. Er meinte, das Vertrauen des Königs genossen zu haben, und schließlich habe er in Berlin »eine Freundin, die ich verehrend liebte, die ich für keine Krone, viel weniger für einen Pandurenführers Versprechen verlassen hätte, und die mir gewiss mehr gab, mehr geben konnte als alle Panduren der Erde, die ich im Herzen verabscheute.«

Auf der Zitadelle von Glatz gelang es dem umtriebigen Trenck, auf gutem Fuß mit den wachhabenden Offizieren zu stehen, getreu dem Motto »Geld regiert

die Welt«. Woher es kam? Aus Berlin. »Durch einen Offizier war die Korrespondenz mit dem Gegenstand meines Herzens bald in Sicherheit gebracht. Dort war man überzeugt, dass ich nie einen untreuen Gedanken gegen mein Vaterland gehegt hatte noch zu verbergen imstande war. Man tadelte die Übereilung, den Argwohn des Königs, versprach mir sichere Hilfe und schickte mir 1000 Dukaten, damit es mir im Arrest nicht an Geld fehle.«

Geduld ist eine Tugend. Trenck besaß sie nicht. Nach zwei Fluchtversuchen wurden die Haftbedingungen verschärft. Der Baron sah einer schwarzen Zukunft entgegen, denn zu allem Unglück hörte seine Geldquelle in Berlin auf zu sprudeln. »Ich trauere mit Ihnen, Ihr Übel ist aber ohne Hilfe«, schrieb ihm seine Herzensdame. »Dies ist mein letzter Brief, ich darf für Sie weiter nichts mehr wagen. Retten Sie sich, wo möglich! Ich bin für Sie allezeit, und in allen Vorfällen, die alte Freundin, wo es nur möglich ist, Ihnen nützlich zu sein. Leben Sie wohl, unglücklicher Freund! Sie verdienen ein ganz anderes Schicksal ...«

Am 26. November 1746 gelang Trenck die Flucht nach Böhmen. Das Kriegsgericht verurteilte ihn daraufhin in Abwesenheit als Deserteur, worauf der Tod stand.

»Die schönste Frau von der Welt«

Wie hat Amalie auf den Absturz ihres Geliebten reagiert? Wir wissen es nicht. Als Prinzessin von Geblüt hatte sie natürlich gelernt, Haltung zu bewahren und Gefühle hinter einer Maske zu verbergen, auch wenn das ihr oftmals schwer gefallen sein dürfte.

FÜR DIE UNMITTELBARE Umgebung war es indes nicht einfach, mit Amalie auszukommen. Ihr zwiespältiger Charakter rief Verwunderung, Kopfschütteln und zuweilen Entsetzen hervor. »Sie ist keck, unternehmend und würde alles Mögliche aufbieten, um einiges Ansehen zu erlangen«, äußerte sich der französische Gesandte Lord Tyrconnell. »Da sie klug und noch weit falscher ist, wäre sie zu fürchten, wenn sie es verstände, sich zum Ratgeber aufzuwerfen. Bei ihrem ruhelosen Wesen würde sie viele Ränke spinnen.« Tyrconnells Nachfolger Chevalier Charles Nicolas de Latouche beschrieb Amalie als »hochmütig« und »stolz«.

Neben den Kritikern hatte Amalie aber auch zahlreiche Verehrer am preußischen Hof, darunter den Kammerherrn der Königin Elisabeth Christine, Ernst Ahasverus Heinrich Graf von Lehndorff. »Ihr Äußeres ist bezaubernd«, notierte er im Juni 1753 in sein Tagebuch, »und nach meiner Ansicht ist sie die schönste Frau von der Welt. Sie ist nicht groß, ein wenig beleibt, doch dabei von einer Erscheinung, die jedermann imponiert, und man sieht in ihrem ganzen Wesen ihre Seelengröße. Unter hundert Personen

würde man sie immer herauserkennen und ihre königliche Abstammung anmerken. Ihre Augen sind von hinreißender Schönheit, was sie mit ihrer ganzen erlauchten Familie gemein hat, ihr Mund ist klein und verleiht ihr beim Sprechen eine unendliche Anmut; kurz, sie ist in außerordentlichem Maße liebenswürdig.« Lehndorff gelang es mit seiner Feder, die wohl aufschlussreichste Persönlichkeitsskizze Amalies zu Papier bringen. »Es ist eine Prinzessin, die wohl alles Glück der Welt verdient. Sie ist eine Freundin ihrer Freunde, und an Seelengröße steht sie niemandem nach; es ist das Herz einer Römerin im Leibe einer Deutschen«, lesen wir am 20. Mai 1753. Sie habe ein »bezauberndes und äußerst verbindliches Wesen«, schwärmte er drei Wochen später. »Sie ist eine in jeder Beziehung liebenswürdige Prinzessin. Man schielt sie wandelbar, aber ich glaube, dass dies mehr den Sorgen, die sie öfter hat, als der Laune entspringt.« Aha. Amalie hatte also Sorgen, welche, verrät der Kammerherr leider nicht. Ihre Spielschulden bekümmerten sie wohl weniger, denn Friedrich II. half ihr gelegentlich aus der Patsche. Sorgen um Trenck? Gut möglich, er ließ aber auch nichts anbrennen.

Nach seiner Flucht aus Glatz versuchte Trenck Kontakt mit Amalie aufzunehmen. »Ich schrieb nach Berlin an meine Freundin, erhielt aber keine Antwort; vermutlich, weil ich keinen sicheren Weg, um dieselbe zu erhalten, angeben konnte.« Falls Amalie diesen Brief je erhalten hatte, wird das vorherrschende Thema sicherlich wieder Trencks größtes Problem gewesen sein: Geld. Bis zum Frühjahr hatte er sich bis Elbing durchgeschlagen, wohin seine Mutter eilte. »Sie verschaffte mir auch gleich einen Weg zur sicheren Korrespondenz mit meiner Freundin in Berlin.

Diese schickte mir einen Wechsel auf Danzig von 400 Dukaten.« Nach einem kurzen Aufenthalt in Wien entschloss er sich, sein Glück in Indien zu suchen. Als er in Nürnberg Station machte, traf er auf einen entfernten Verwandten, der ihn überzeugte, in russische Dienste zu treten.

»Die schwersten Eroberungen waren für mich die reizendsten, und die Edelste und Schönste überall die Wahl für meine Gesellschaft«, bekannte Trenck. In Moskau bändelte er ausgerechnet mit einem jungen Mädchen an, das kurz vor ihrer Vermählung stand. Das hinderte Trenck wenig, denn »unsere Seelen waren schon vereinigt«. Offenbar hatte er seine Berliner Freundin völlig vergessen. Als seine russische Angebetete schließlich unverhofft an den Blattern verstarb, tröstete er sich nur acht Tage nach ihrem Ableben mit der Gattin des russischen Kanzlers Graf Bestuchew.

Der Tod des Pandurenvetters im Oktober 1749 führte Trenck wieder nach Wien. Trotz Universalerbschaft stand er mit leeren Händen da. Er erfüllte zwar die testamentarischen Bedingungen, aber die riesigen Ländereien unterstanden der ungarischen Krone, so dass er hätte vor Gericht ziehen müssen. Amalie war anscheinend bereit, ihn mit Kräften zu unterstützen, denn »aus Berlin erhielt ich Hilfe von meiner alten Freundin«. Doch als die Prozesskosten allmählich über den Kopf zu wachsen drohten, fragte Trenck den preußischen Gesandten in Wien, Graf Podewils, ob König Friedrich bereit wäre, ihn zu begnadigen. Tatsächlich war derselbe einverstanden, sofern Trenck in Ostpreußen ein zurückgezogenes Leben führen und nicht ins Heer zurückkehren würde. Das war Anfang Januar 1751. Der zu erwartende schnöde Mammon verlockte Trenck dann aber doch wieder, um das Erbe des Vetters zu kämpfen. Da er jedoch Prozess um

Prozess verlor, war er am Ende froh, dass ihn Maria Theresia zum Rittmeister in einem ungarischen Regiment ernannte. Ob Amalie Kenntnis von Trencks »Gegenstand in Österreich« hatte? Zumindest wusste sie sich zu trösten. Ihre Liaison mit Baron Glaubitz, einem französischen Offizier, sorgte bei Hof für einen Skandal. »Die Gesellschaft redet ganz schrecklich über die Liebschaft der A. mit Glaubitz«, schrieb Lehndorff im September 1753 in sein Tagebuch. Selbst dem Kammerherrn war die Romanze so peinlich, dass er erst Jahre später auf den Rand der Eintragung Amalies Namen kritzelte. Sie war jung und schön und genoss es, wie andere Frauen, begehrt zu sein. Was hatte sie davon, im Selbstmitleid zu versinken? Nein, sich von trüben Gedanken und Kummer abzulenken, gelang nun mal am Besten mit Zerstreuung, und davon gab es wahrlich genügend am Berliner Hof! Angefangen bei den jährlich stattfindenden Geburtstagsfeiern der königlichen Familienmitglieder über Bälle, bei denen man sich bis zum Morgengrauen die Schuhe durchgetanzt hatte, bis zu den Karnevalsvergnügungen in den Wintermonaten. Daneben fand die Gesellschaft immer wieder Gelegenheit, sich beim Glücksspiel zu ruinieren. Pharao, Piket, Taroc, Trisett und Whist waren die gängigsten Kartenspiele. Die Oper und Konzerte wurden gern besucht, und zuweilen gab man auch eigene Theatervorstellungen. Amalies schauspielerisches Talent rief großen Beifall hervor, auch Voltaire gehörte zu ihren Bewunderern. Auf diese Weise vergingen die Tage. Aus Tagen wurden Wochen und Monate.

Derweil blieb Trenck das Unglück hold. Als im März 1754 seine Mutter starb, reiste er zur Regelung der Erbschaftsangelegenheit nach Danzig. Durch Denunziation erfuhr König Friedrich von seinem

Aufenthaltsort, und aufgrund des kriegsgerichtlichen Urteils verfügte er die Arretierung des kaiserlichen Offiziers. Am 27. Juli bezog Friedrich Freiherr von der Trenck seine neue Unterkunft: die Magdeburger Festung.

Intervenierte Amalie oder wollte Friedrich ihr eine Freude machen? Am 1. November 1754 richtete er jedenfalls eine Anfrage an Chevalier de Latouche. »Es handelt sich um einen noch jungen Mann aus guter Familie und Angehörigen meines Staates, der sich jedoch mir gegenüber so übel verhalten hat, dass ich allen Anlass habe, ihn an einen Ort verwiesen zu sehen, wo er weder meinen Interessen schaden noch seiner Familie Kummer verursachen kann. Da ich den Wunsch habe, eine günstige Gelegenheit zu finden, um diesen jungen Mann ohne Aufsehen nach Indien verbringen zu lassen, wäre ich entzückt, zu sondieren, ob man sich seiner anzunehmen gewillt ist, um ihn entweder zum Seiur Dupleix [Gouverneur der dortigen französischen Kolonien] nach Ostindien oder nach den französischen Besitzungen in Amerika zu verschicken, wenn ich ihn zu einem geeigneten Hafen befördern lasse. Er wird für Ihr Land in den Kolonien nicht ohne Nutzen sein, da er den Degen zu führen weiß und es ihm weder an Geist noch an Mut fehlt.« Die Antwort am 27. des Monats fiel positiv aus, doch aufgrund des Winters musste der Transport auf das Frühjahr verschoben werden. Aber der unwissende Trenck besiegelte unterdessen mit seinem unbesonnenen Handeln sein endgültiges Schicksal. Als entdeckt wurde, dass er die Schildwache bestochen und mit der Außenwelt korrespondiert hatte, änderte der König seine Meinung. Ende Mai 1755 wurde der Baron in die so genannte Trenck-Kasematte in der Magdeburger Sternschanze verlegt.

Äbtissin von Quedlinburg

Warum wurde Amalie ausgerechnet Äbtissin? Ging sie wirklich aus Liebeskummer in ein Kloster? Oder wurde sie von Friedrich II. gezwungen, da er ihre skandalöse Beziehung zu Trenck missbilligte? Fest steht, dass Amalie keine innere Berufung verspürte, das Stift von Quedlinburg zu leiten, obgleich die Grundlagen für eine kirchliche Laufbahn bereits in ihrer Kindheit gelegt worden waren.

SCHON BEI DER Geburt der sechsten Tochter, nämlich Ulrike, hatte Friedrich Wilhelm I. sarkastisch verkündet, ein Kloster anlegen zu wollen, »oder man muss sie versaufen oder Nonnen daraus machen; Männer kriegen sie nit alle.« Tatsächlich wurden Ulrike Kanonissin von Quedlinburg und Amalie Kanonissin der Abtei von Herford. Dies bedeutete einen ersten Schritt für die finanzielle Absicherung der Mädchen, falls, wie der Soldatenkönig befürchtete, kein Gemahl für sie gefunden werden sollte.

Als Ulrikes Eheschließung mit dem schwedischen Kronprinzen feststand, setzte Friedrich II. als Schutzherr der Vogtei Quedlinburg alle Hebel in Bewegung, dass Amalie zur Koadjutorin des reichsunmittelbaren Damenstiftes gewählt wurde. Zuvor gab es noch eine Hürde zu überwinden, denn Amalie gedachte nicht, vom calvinistischen zum lutherischen Glauben zu konvertieren. Aber nachdem 1744 ein Gutachten die Bedenken ausgeräumt und auch der Kaiser 1747 seinen Segen gegeben hatte, stand so gut wie fest, dass Amalie eines Tages die Nachfolge der 37. Äbtissin

Maria Elisabeth von Holstein-Gottorp antreten würde.

Gegründet wurde das Damenstift im Jahre 936 von Königin Mathilde. Der erste deutsche König Heinrich I. hatte Quedlinburg zu seiner Lieblingspfalz erklärt und es seiner Gemahlin als Witwengut geschenkt. In der dem Heiligen Servatius geweihten Pfalzkirche ist das Königspaar beigesetzt. Erste Äbtissin wurde Königin Mathildes gleichnamige Enkelin. Die Gründungsurkunde sicherte dem Stift den Status der Freiweltlichkeit zu; es unterstand nur dem Kaiser und bis zur Reformation auch dem Papst. Die Schutzherrschaft der Vogtei verblieb zunächst im Königshaus, doch im Laufe der Jahrhunderte wechselten mehrmals die Besitzer, zuletzt im Jahre 1698. Zur Finanzierung der polnischen Königskrone verkaufte der Wettiner August der Starke die Stiftsschutzherrschaft an Brandenburg-Preußen. Zwar hatte die Äbtissin über die Jahre viel an Macht eingebüßt, doch lockte die Aussicht auf den Rang einer Reichsfürstin immer noch zahlreiche unverheiratete Töchter aus dem Hochadel nach Quedlinburg am Nordrand des Harzes.

»Die Äbtissin von Quedlinburg stirbt«, notierte Lehndorff am 23. Juli 1755 in sein Tagebuch. »Sie war eine Tante des Königs von Schweden und sehr alt geworden. Die Prinzessin Amalie ist ihre Nachfolgerin, worüber allgemeine Freude in der ganzen Stadt [Berlin] herrscht, da diese Prinzessin verabscheut wird. Es ist recht schade, dass sie sich nichts daraus macht, bei den Leuten beliebt zu werden. Ihr Wesen ist angenehm, ihr Benehmen höflich, ihr Auftreten voll Würde, kurzum, es ist alles vorhanden, was eine Prinzessin liebenswürdig machen könnte. Aber alle diese glänzenden Eigenschaften werden durch ihren gro-

ßen Wankelmut aufgewogen, der bewirkt, dass man sich vor ihrer Liebenswürdigkeit nicht geschmeichelt, von ihrer Unfreundlichkeit nicht verletzt fühlt.« Nur sechs Tage später wusste der Kammerherr der preußischen Königin zu berichten, dass Amalie ihre Schulden in Höhe von 30.000 Talern an den König zurückzahlen müsse, ehe sie sich in Quedlinburg niederlassen könne.

Quedlinburg um 1710.

Abgesehen von ihrem neuen Rang, änderte sich für Amalie zunächst nicht viel. Das Leben am Berliner Hof ging seinen gewohnten Gang, und einmal mehr fand man einen Anlass zum ausgiebigen Feiern. Am 27. September 1755 heiratete Prinz Ferdinand seine Nichte Anna Luise von Brandenburg-Schwedt. Lehndorff stellte fest, dass die junge Prinzessin »durch ihr liebenswürdiges Wesen alle Herzen erobert«. Auf Ferdinand traf dies auf jedem Fall zu, zeit seines Lebens sollte er von einer rasenden Eifersucht geplagt werden. Andere Familienmitglieder, darunter Ama-

lie, gaben ihr deutlich zu verstehen, dass sie sie nicht mochten. »Die Prinzessin Amalie verabscheut die kleine Prinzessin Ferdinand ganz offen«, bemerkte Lehndorff enttäuscht. Vermutlich war Amalie einfach nur neidisch auf das junge Glück. Der jüngste Bruder hatte schließlich eine Liebesheirat eingehen dürfen, und sie nicht! Allmählich schien sich die Äbtissin zu einem wahren Familiendrachen zu entwickeln. Weder verstand sie sich mit der Königin, noch mit ihren drei anderen Schwägerinnen.

Am 5. April 1756 brach Amalie in Richtung Quedlinburg auf, »um dort eingeführt zu werden und angesichts der Kirche ihren himmlischen Gemahl zu empfangen, den sie«, so glaubte Lehndorff, »ganz gern gegen einen Gemahl dieser Welt vertauschen würde«. Auch Amalies Schwester Charlotte konnte sich in einem Brief an König Friedrich eine sarkastische Bemerkung nicht verkneifen: »Ich werde mir ein Vergnügen daraus machen, an dieser Hochzeit, wo Jesus Christus der Bräutigam ist, teilzunehmen, und ich werde nicht ermangeln, meinem neuen Schwager die gebührende Ehre zu erweisen und meine Schwester bitten, dass sie mich seiner Gnade empfiehlt«.

In Potsdam wurde Amalie von ihrem königlichen Bruder als souveräne Fürstin empfangen und gab ihr zu Ehren ein Prunkmahl. Amalie sollte es an nichts mangeln, und so kam Friedrich für die gesamten Kosten auf. Ihre weitere Stationen waren Brandenburg, Magdeburg und Halberstadt. Die Verantwortung für einen reibungslosen Ablauf hatte Friedrich seinem Jugendfreund Oberstleutnant von Keith übertragen. Er war ebenso wie Katte in die Fluchtpläne des damaligen Kronprinzen eingeweiht gewesen, er hatte aber rechtzeitig durch eine Flucht über die Grenze den Häschern des »Soldatenkönigs« entwischen können.

Am Abend des 9. April langte Amalie in Quedlinburg an. Es war ein ruhiger Einzug in der kleinen Stadt mit den Fachwerkhäusern, denn Amalie, die sicherlich etwas erschöpft von der Reise war, hatte sich einen öffentlichen Empfang verbeten. Auf dem Schlossberg bezog sie die Wohngemächer der Neuen Abtei. Es waren bescheiden eingerichtete Räumlichkeiten mit Wohn- und Schlafzimmer sowie einem kleinen Kabinett.

Zwei Tage nach ihrer Ankunft war Amalies großer Tag. In dem im Renaissanceschloss befindlichen Kapitalsgemach wurde sie zunächst feierlich als Äbtissin vereidigt. In der dem Schloss gegenüberliegenden Stiftskirche St. Servatius fand schließlich die Einführung durch den Oberhofprediger Nicolaus Dietrich Giesecke statt. Prinz Ferdinand von Braunschweig geleitete seine Schwägerin zum Altar, gefolgt von den Kapitularinnen. Sechs Kanonen, die extra aus Magdeburg herbeigeschafft worden waren, schossen dreimal Salut.

Die folgenden Tage verbrachte Amalie größtenteils mit ihrer Schwester Charlotte, die mangels angemessener Unterkünfte in Quedlinburg im benachbarten Blankenburg logierte. »Meine Schwester hat mir das Vergnügen gemacht, zu mir zu kommen; ich habe versucht, sie zu amüsieren so gut ich konnte. Wir hatten verabredet, einen Spaziergang zusammen zu machen, aber ein ganz unvermutet aufziehendes Gewitter mit Blitzen, Hagel und Donner machte unsere Absicht zunichte und wir mussten im Haus bleiben. Unter dem Schutz der Heiligen Äbtissin hat uns, glaube ich, der Donner die Gnade erwiesen, nicht einzuschlagen, denn er war sehr stark, und der Mut meiner Schwester würde bald wankend geworden sein.« Charlotte bekannte in ihrem Brief an den königlichen

Bruder, wie angenehm sie die Tage mit Amalie verbracht habe. »Sie hat mich in der ganzen Abtei herumgeführt und wir haben in ihrem Garten Tee getrunken. Sie ließ Kaskaden springen wie in Versailles und Marly, und wir sind durch den Garten gegangen, in dem es herrliche Ausblicke gibt. Die Gegend von Quedlinburg ist charmant und der Ort ist wirklich außerordentlich angenehm. Meine Schwester ist sehr hübsch logiert, nur die Treppe ist nicht sehr gut. Was mir viel Spaß gemacht hat, ist, dass meine Schwester sehr zufrieden zu sein schien und sich in der Lage, in welche Sie sie placiert haben, gefällt«. Amalies Hang für das Außergewöhnliche und ein extrovertiertes, provozierendes Auftreten wurde auch in Quedlinburg offensichtlich. So erfahren wir aus Charlottes Brief, dass die Äbtissin »in die Gruft« ging, um sich »die Särge öffnen zu lassen«.

Am 20. April, also noch nicht einmal nach zwei Wochen, reiste Amalie aus Quedlinburg wieder ab. Sie hatte nicht vor, in ihrem Stift zu residieren, obwohl sie hier ihr Leben nach ihrem Gutdünken hätte einrichten können. Da das Stift an keine Ordensregel gebunden war, genossen die Stiftsdamen viele Freiheiten. Statt eines Habits kleideten sich die Quedlinburgerinnen nach der neuesten Mode des Rokoko: ein tiefes Dekolleté, eine flache Krinoline, gepuderte, kunstvoll frisierte Haare, Seidenschuhe mit hohen Absätzen und ein stark geschminktes Antlitz. Doch Quedlinburg war Provinz und schon lange kein Machtzentrum mehr. Amalie brauchte nun einmal die Abwechslung, und in Berlin hatte sie einfach mehr Gelegenheiten, Intrigen zu spinnen und ihre spitze Zunge zu gebrauchen.

Nur noch zweimal ließ sich die Äbtissin in Quedlinburg blicken: vom 7. bis 16. September 1765 (zur

Einführung der Nachfolgerinnen der Dekanissin und der Pröpstin) und vom 14. bis 30. September 1785 (zur Einführung der Nachfolgerinnen der Pröpstin und der Kanonissin). Amalie betrachtete die Pflichten, die das Amt der Äbtissin mit sich brachten, als notwendiges Übel. In erster Linie ging es ihr um das gesellschaftliche Ansehen, das sie als Reichsfürstin genoss. Das jährliche Einkommen in Höhe von 25.000 Talern war natürlich nicht unerheblich, allerdings durfte dies bei dem großen Schuldenberg auch nur ein Tropfen auf den heißen Stein gewesen sein.

Der Quedlinburger Schlosshof um 1850.

Amalies Wirken in Quedlinburg hielt sich aufgrund ihrer ständigen Abwesenheit natürlich in Grenzen. Noch im Jahre 1756 reformierte sie die Stiftverwaltung nach preußischem Vorbild. Besonders am Her-

zen lagen ihr die Bedürftigen, für die sie sich ebenso einsetzte wie für ihre calvinistischen Glaubensschwestern und -brüder. Auch nahm sie die Bearbeitung eines Gesangbuches in Angriff. Dennoch, ein Denkmal hat sie sich nicht setzen können. Im Gegenteil. Bis zum heutigen Tag nehmen die Quedlinburger ihr übel, dass sie die Stadt während des Siebenjährigen Krieges nicht ein Mal besucht hatte, »sondern«, wie auf einer Schautafel im Schlossmuseum zu lesen ist, »lieber ihren Bruder Friedrich II. im Heerlager in Breslau«. Doch wie wir noch sehen werden, handelte es sich bei der erwähnten Reise nicht gerade um eine Fahrt ins Blaue.

»Die Prinzessin Amalie kommt aus Quedlinburg ganz befriedigt zurück«, notierte Lehndorff am 25. April 1756. »Alle sind von ihrem liebenswürdigen Wesen und den Aufmerksamkeiten, die sie jedermann erwiesen hat, ganz entzückt gewesen. Das ging so weit, dass sie überall deutsch gesprochen hat, indem sie fürchtete, es könne in der Gesellschaft jemand sein, der Französisch nicht verstehe.« Amalie sprach, wie ihre Nichte Luise in ihren Aufzeichnungen vermerkte, »gleich ihren Geschwistern nur das Deutsch der niederen Stände und bediente sich der gewöhnlichsten Ausdrücke«.

Zu Ehren ihres neuen Standes hatte sich der Prinz von Preußen ein ganz besonderes Fest ausgedacht. Als Amalie sich am 11. Juni gegen acht Uhr abends Oranienburg näherte, wurde sie von August Wilhelm und allen »Herren des Hofes« begrüßt. »Dieser komisch aussehende Trupp«, hielt Lehndorff fest, »begleitet die Kutsche bis zur Brücke am Eingang in den Garten, wo alle Waisenkinder, als Pagen, und alle Diener, als Schweizergarden gekleidet, die Prinzessin empfangen, die dann in Begleitung des Prinzen unter

Trommelschlag und Trompetenschall in das Schloss tritt.« Zwanzig herausgeputzte Dienstmädchen kamen ihr entgegen und »machen Knickse und Sprünge zum Totlachen, wobei jede eine große Visitenkarte mit ihrem Namen in der Hand hält. Da gibt es Vicomtessen v. Cültendre, Marquisen v. Pissenlit, kurz die komischsten Namen. Nun führt man die Äbtissin in ihre Wohnung, wo sie einen Pot de chambre findet, größer als ein Scheffelmaß, mit der Aufschrift: Ihrer Ehrwürden zum Gebrauch. Hierauf soupieren wir im Garten, und auch jene Damen und Pagen erhalten ein großes Mahl. Die Prinzessinnen begeben sich dahin, und wir wohnen einem Ball der Festgäste bei, so komisch, wie ich ihn in meinem ganzen Leben nicht gesehen habe.« Zwei Tage später fand sich die illustre Gesellschaft im Freien ein, um das Diner einzunehmen. »Zum Ausruhen hatte man für die Damen alle hundert Schritte Stühle gestellt. Als wir beinahe den Ort erreicht haben, sehen wir aus dem Gehölz die reizendste Prozession, die man sich denken kann, hervorkommen. Sämtliche Pagen und Lakaien, als Priester gekleidet und mit Blumen bekränzt, schreiten immer zu zweien daher, dahinter in demselben Auszug die Musiker und zuletzt vierundzwanzig junge Knaben im Amorettenkostüm, die einen Chor auf die Ankunft Mathildens, der Stifterin der Quedlinburger Abtei, singen. Nachdem diese Schar die Prinzessin begrüßt hat, schreitet sie ihr voran und bildet an der Eremitage Spalier, durch das die Prinzessin hindurchgeht. Als diese eintritt, sieht sie die heilige Mathilde in ganzer Gestalt vor sich. In ihr steckt Francheville, der nun an die Prinzessin eine feierliche Ansprache hält. Hierauf gehen wir an eine auf dem Rasen hergerichtete, aber mit einem Zeltdach versehene Tafel zum Diner, die Äbtissin an einen besonderen höher stehen-

den Tisch.« Das Mal bestand aus 20 Gängen, allesamt mit Anspielungen auf die Bibel. »Die Tränen Marthas und Maria Magdalenas« kündigte eine Suppe an. Die Pastete wurde als »Goliaths Kopf im Teigmantel« serviert, während sich hinter »Von dem letzten Fisch, den Petrus vor seiner Berufung gefeiert hatte« ein Räucherfisch verbarg. Nachdem sich die Herrschaften gesättigt hatten, wurde zur Lotterie aufgerufen. Schließlich führten sie noch »Den Affen aus China« auf, ehe ein Regenguss die Gesellschaft ins Schloss zurückkehren ließ.

Amalie hatte inzwischen einen ihrer neuen Stellung entsprechenden Haushalt erhalten: zwei Hofdamen, ein Kavalier und eine Hofmeisterin. Gräfin Schwerin, die Amalie seit 1749 als Hofmeisterin gedient hatte, war mittlerweile durch die Gräfin Maupertuis ersetzt worden. Was Amalie noch fehlte, war der Hofkavalier. Den fand sie in Schwedt, wohin sie nach ihrem Aufenthalt in Oranienburg gereist war, um ihrer Schwester Sophie einen Besuch abzustatten. Herr Rauschenblatt, so sein Name, gefiel ihr so sehr, dass sie ihn nicht nur sofort zum Kavalier ernannte, sondern »was noch schlimmer ist«, ereiferte sich Lehndorff, »sie überträgt ihm gleichzeitig die Leitung der Justiz in Quedlinburg. Das wird ein vortrefflicher Großkanzler werden!«

Die europäischen Mächte begannen unterdessen mit den Säbeln zu rasseln. Amalie hatte die kritische Lage ganz richtig eingeschätzt, als sie nach dem Abschluss der Konvention von Westminster im Januar 1756 zwischen Großbritannien und Preußen äußerte, das sei »wieder ein neuer Geniestreich des Königs, unseres lieben Bruders, der ihn für immer die Freundschaft und das Vertrauen der übrigen Fürsten kosten muss«. Tatsächlich verbündeten sich darauf-

hin Russland, Sachsen, Schweden, Habsburg und Frankreich gegen Preußen im Vertrag von Versailles. Friedrich II. fühlte sich zurecht bedroht und eröffnete am 29. August 1756 mit dem Einmarsch in Sachsen den Dritten Schlesischen Krieg. Die Auseinandersetzung sollte sich bekanntlich zum Siebenjährigen Krieg ausweiten.

Obwohl der preußische König im Oktober die Sachsen bezwungen hatte, überwogen natürlich die Sorgen. Und so wurden die alljährlich wiederkehrenden Feierlichkeiten zu den Geburtstagen von der Königin und Amalie im November in »gedrückter Stimmung« begangen.

Verluste und Flucht

Zu Beginn des Jahres 1757 ging es der Königin-Mutter sehr schlecht. »Man sagt«, vertraute Lehndorff am 16. Januar seinem Tagebuch an, »dass viel Schuld an ihrem Kummer die Prinzessin Amalie trägt, die oft in der Nacht den Zufall verwünscht, dass sie als Prinzessin geboren wurde, und am Tage ihre ganze Umgebung durch ihren Hochmut und ihre Launen es fühlen lässt, dass sie eine königliche Prinzessin ist ...

ES IST WIRKLICH wahr«, meinte der Kammerherr, »dass das Benehmen der Prinzessin Amalie einzig in seiner Art ist. Die Wogen des Meeres sind nicht aufgeregter als ihr Gebaren. Gut und böse, Philosophin, Weltkind und Betschwester, alles das ist sie nacheinander; zehnmal ist sie in der Woche zufrieden und unzufrieden. Dieses wetterwendische Wesen ist für ihre Umgebung natürlich eine schreckliche Pein. Am wohlsten ist ihr, wenn alles drunter und drüber geht.«

Das Zerwürfnis zwischen Mutter und Tochter erreichte bald einen vorläufigen Höhepunkt. Sophie Dorothea hatte sich dermaßen über Amalie geärgert, »dass sie der Prinzessin verboten hat, vor ihr zu erscheinen«. Außerdem hatte sie untersagt, »die Prinzessin aus ihrer Küche zu bespeisen«. In ihrer Verzweiflung bat Amalie Lehndorff, ihr eine Köchin zu empfehlen.

Gleichwohl die Königin-Mutter auf dem Krankenlager lag und jeden Moment mit ihrem Ableben zu

rechnen war, wurden die Hofgeselligkeiten nicht eingeschränkt. Die Äbtissin zog dabei immer wieder Unmut auf sich. »Die Soupers bei den Prinzessinnen würden reizend sein, wenn die Prinzessin Amalie nicht öfter alles verderben würde«, klagte Lehndorff. »Sie hält die Bank mit dem ganzen Gebaren eines habgierigen Bankiers. Es genügt, zwei Taler zu gewinnen, um sich ihre ganze Ungnade zuzuziehen«. Die Beziehung zwischen Amalie und der Königin-Mutter blieb derweil gespannt. Erst als Ende April Charlotte aus Braunschweig auf Besuch kam, besserte sich das Verhältnis zwischen ihnen, wenngleich das Klima noch recht kühl blieb.

Am 28. Juni 1757 verschied schließlich Sophie Dorothea von Hannover. Als die eiligst gerufene Amalie das Zimmer betrat, war ihre Mutter bereits verstorben. Amalie verbarg ihren Schmerz, den sie gewiss trotz der jüngsten Meinungsverschiedenheit gehabt hatte, hinter einer Fassade und kümmerte sich um die Vorbereitungen für die Trauerzeremonie. Vier Wochen verbrachte sie als Hauptleidtragende in ihren Gemächern und verließ sie nur, um am Trauergottesdienst teilzunehmen.

Friedrich II. hatte sich währenddessen mit seinem Bruder und Erben August Wilhelm überworfen. Der König hatte dem Prinzen von Preußen die Leitung des Rückzuges der bei Kolin geschlagenen Armee übertragen, doch unglücklicherweise stellte sich dem Prinzen der Feind in den Weg. Die Österreicher setzten Zittau samt preußischem Nachschub-Magazin in Brand, und August Wilhelm, der in Böhmisch-Leipa auf Instruktionen von dem im Lager von Leitmeritz weilenden König wartete, konnte der Stadt nicht mehr helfen. Friedrich warf seinem Bruder Inkompetenz und Versagen vor, worauf derselbe aus der Armee

austrat und sich nach Oranienburg zurückzog. Amalie versuchte vergeblich zwischen ihren verfeindeten Brüdern zu vermitteln. Der Prinz von Preußen fühlte sich von seiner Schwester sogar bevormundet. »Amalie schreibt mir Episteln wie eine Gouvernante, die einen Knaben über die Pflichten gegen sich selbst und gegen das Vaterland belehrt«, klagte er in einem Brief an Prinzessin Heinrich. »Ich weiß nicht, woher sie so viel Moral schöpft. Sie hält mich für traurig, tief bekümmert und verzweifelt. Nichts trifft weniger zu. Ich bin sehr guter Laune, habe ein ruhiges Gewissen und sinne nur darauf, meinen Ruf in Schutz zu nehmen, denn in keinem Heere der Welt ist der Heerführer so in Gefahr wie bei uns, seine Ehre zu verlieren.«

Inzwischen machten in Berlin Gerüchte die Runde, der Feind stände unmittelbar vor den Toren. Die fortwährend eintreffenden Stafetten bestätigten den Ernst der Lage. König Friedrich II. hatte bereits Vorsorge getroffen, dass der Hof im Falle einer Bedrohung die Stadt verlassen müsse. Am 16. Oktober 1757 war es soweit. Die Königin bat Lehndorff, alle Prinzessinnen zu informieren, dass sie um elf Uhr abzureisen gedenke. Der Kammerherr begab sich zunächst zu Amalie, »die ich mitten unter ihren Koffern finde. Sie erklärt mir, dass sie durchaus nicht bedauere, die gewohnten Bequemlichkeiten verlassen zu müssen, ihr tue nur ihre Dienerschaft leid, da sie diese, seit ihr nach der Besetzung Quedlinburgs durch die Franzosen die Einnahmen als Äbtissin fehlten, nicht habe besolden können.«

Die Flucht endete bereits in Spandau, wo der Hof in der Festung Wohnung nehmen musste. Nichts war für die Ankunft vorbereitet. Vier Gefangene mit Eisen an den Füßen führten die königliche Familie durch die aus fünf heruntergekommenen Räumen bestehen-

de Wohnung. Amalie musste sich ihren Raum mit zehn Frauen teilen. Da keine Betten zur Verfügung standen, nächtigten sie auf Stroh, und da sich unter den Zimmern das Pulvermagazin befand, zog die Gesellschaft den Erfrierungstod vor, anstatt durch ein unachtsames Feuer in die Luft zu fliegen. Zwar konnten die Flüchtlinge am 18. Oktober nach Berlin zurückkehren, doch schon drei Tage später traf der Befehl vom König ein, unverzüglich nach Magdeburg zu gehen.

Prinz August Wilhelm zu Pferde, Gottfried Hempel.

Am 23. Oktober 1757 brach nun der Berliner Hof zu seiner zweiten Flucht auf. Nach einer Nacht im Potsdamer Schloss ging es nach Brandenburg. Ziesar und Möckern waren weitere Stationen, ehe der Hof dann am 28. Oktober in Magdeburg anlangte. Der Aufenthalt in der preußischen Garnisonsstadt war indes nur von begrenzter Dauer, denn die siegreiche Schlacht von Rossbach hatte den Feind in die Flucht geschlagen. Während der Hof nach Berlin zurückkehrte, reiste Amalie nach Breslau, um mit Friedrich über die immer noch ausstehende Testamentseröffnung der Königin-Mutter zu sprechen. Der preußische König ließ es sich nicht nehmen, seine jüngste Schwester mit Aufmerksamkeiten zu überhäufen. Jeder musste ihr huldigen, darauf legte Friedrich Wert, und Amalie genoss es wieder einmal, im Mittelpunkt zu stehen. Lehndorff berichtet in seinem Tagebuch, dass der Prinz von Preußen verärgert gewesen sei, als sie bei ihrer Rückkehr nicht müde wurde, von Friedrichs Großmut zu sprechen, so »dass er seine Schwester seitdem nicht mochte«. Sicherlich mag er über ihre Bevorzugung verstimmt gewesen sein, doch dass er ihr als einzige Familienangehörige mitgeteilt hatte, dass in Kürze mit seinem Ableben zu rechnen sei, beweist, wie sehr er Amalie vertraute und auch zugeneigt war.

August Wilhelm gab ihr einen Umschlag, der, was Amalie zu diesem Zeitpunkt nicht wusste, sein Testament erhielt, und sagte ihr »mit großer Kaltblütigkeit und Gleichgültigkeit«, dass er sterben werde. Der Prinz von Preußen zog sich nach Oranienburg zurück, wo es schnell mit ihm bergab ging. Oberst von Forcade, der über den schlechten Gesundheitszustand des Prinzen erschüttert war, ließ am 25. Mai 1758 Amalie rufen. Sie kam mit dem Hofarzt Meckel,

den August Wilhelm aber nicht leiden konnte und deshalb fortschickte. Der Prinz wollte überhaupt nichts mehr mit Ärzten zu tun haben, von der Einnahme von Medikamenten ganz zu schweigen. Am 8. Juni bekam er einen Blutsturz. Amalie sah ihn in seinem Blut liegen »wie ein Mann, den man ermordet hatte«. Daraufhin redete sie ihm ins Gewissen, sein Leben nicht einfach wegzuwerfen. Zwar nahm er nun seine Medizin, wodurch es ihm etwas besser ging, doch am 12. Juni schlug seine letzte Stunde. Amalie suchte die Bibelstellen und Gebete aus, die der Prediger vortragen sollte und wich nicht mehr von der Seite ihres Bruders, bis er verstarb. »Ich habe einen Bruder sterben sehen«, schrieb Amalie an Friedrich, »an dessen Stelle lieber ich selbst gestorben wäre. Ich habe alles für ihn getan, was die Freundschaft tun konnte, und ich hätte noch mehr gegeben, wenn ich ihn dadurch ins Leben hätte zurückrufen können.«

Doch die Sorgen nahmen kein Ende. Nach der Niederlage bei Hochkirch am 14. Oktober 1758 lag die preußische Kriegführung am Boden. Die Taktik beschränkte sich nunmehr auf die Defensive. Im August 1759 wurde Berlin einmal mehr vom Feind bedroht. Einen Tag nach der Niederlage König Friedrichs bei Kunersdorf verließ der Hof Berlin. Die Bevölkerung war über die Flucht empört und dankte mit Schmährufen.

Am 15. August traf der Hof schließlich in Magdeburg ein. Die Königin und die Prinzessinnen quartierten sich wie schon im Oktober 1757 im Haus des Gouverneurs am Domplatz ein. Unter ihren Fenstern mit Blick zur Elbe erstreckte sich der Fürstenwall, die erste öffentliche Promenade Deutschlands, die der »Alte Dessauer« Fürst Leopold im Jahre 1722 hatte anlegen lassen. Da das Flanieren auf dem Wall jedoch

auf die Dauer sehr eintönig wurde, ging man dazu über, die Stadt und die nähere Umgebung kennen zu lernen. Insbesondere besichtigte die Berliner Gesellschaft »die Festung, die gegenwärtig in einem großartigen Zustande ist«, notierte Lehndorff. »Herr v. Balbi und der Prinz von Hessen zeigen uns alles. Wir verbringen ganze Tage in den gedeckten Gängen und den Batterien.« Einer der prominenten Häftlinge war übrigens der preußische General Gerhard Cornelius von Walrave, der Architekt der Festung. Im Jahre 1748 wegen Veruntreuung verhaftet, lebte er seitdem in einem für ihn eigens gebauten Haus mit zwei Kammern, und wenn es ihm gelüstete, durfte er sich im Hof aufhalten. Von diesem »Luxus« konnte Friedrich Freiherr von der Trenck allerdings nur träumen.

Stadtansicht Magdeburg im 18. Jahrhundert. Zeitgenössischer Stich.

Nehmen wir einmal an, Amalie nutzte ihren geistlichen Rang, um Trenck unter dem Vorwand, Worte des Trostes zu spenden, im Kerker aufzusuchen. Das

Fort Berge, das aufgrund seiner Bauform als Stern bezeichnet wurde, war nicht weit entfernt von der Unterkunft der königlichen Familie. Das auf der Nordseite der Sternschanze gelegene Sterntor diente als Eingang zum inneren Ring des Forts. (Heute erinnern nur noch die Sternbrücke und die Sternstraße an das einstige Fort. Das Areal ist mit Gründerzeithäusern bebaut). Die Trenck-Kasematte war in aller Eile in den Graben des inneren Hauptwalles hineingebaut worden. Es war keine Zeit mehr gewesen, die Mauern richtig austrocknen zu lassen. Als Amalie die vier mit Schlössern und Riegeln gesicherten und mit Eisen beschlagenen Türen aus dickem Eichenholz durchschritt, strömte ihr ein modriger Geruch entgegen. Für einen Augenblick setzte ihr Atem aus, und sie unterstand nur mit Mühe den Drang, ein Tuch vor die Nase zu halten. Der wachhabende Offizier, der sie in den Kerker geleitet hatte, brachte ihr noch einen Stuhl herein und steckte eine Fackel in die Wandhalterung neben der Tür, ehe er sich zurückzog. Die Tür fiel ins Schloss, der Schlüssel wurde umgedreht und die Riegel wurden vorgeschoben. Amalie geriet in Panik. Das Gefühl lebendig begraben zu sein, beschlich sie. Dann schalt sie sich jedoch eine Närrin, obgleich sie sich insgeheim das Ende der auf zehn Minuten begrenzten Besuchszeit herbeisehnte.

Die Fackel spendete nur spärlich Licht, und Amalies Augen benötigten eine Weile, ehe sie sich an den Dämmerzustand gewöhnt hatten. Durch das belassene Loch in dem ansonsten zugemauerten Fenster konnte so gut wie kein Tageslicht fallen. Neben dem Moder roch ihre empfindliche Nase auch die Exkremente. Offenbar wurde der Leibstuhl nicht täglich geleert. Ihr Blick fiel auf die Bettstatt mit einer Matratze und einer wollenen Decke, die auf den einzigen

Komfort hinwiesen. Daneben stand ein Krug Wasser, und der kümmerliche Rest eines Brotlaibes lag auf der Erde.

Ketten rasselten. Die Äbtissin zuckte leicht zusammen, als sich aus der Ecke der etwa sieben oder acht Quadratmeter großen Zelle eine Gestalt schob. Amalie?! Sie spürte die Gänsehaut und das leichte Schwingen in ihrem Bauch, als sie seine Stimme vernahm. Wie damals in Berlin. Ach! Wie lang war das her! Bist du es wirklich? fragte er ungläubig. Ja, Freund. Ich bin es, antwortete sie mit belegter Stimme.

Schwere Schritte näherten sich ihr. Amalie erschrak. Gütiger Gott, diese Kreatur soll ihr Geliebter gewesen sein? Wie sehr hatte er sich verändert! Das von tiefen Furchen gezeichnete Gesicht war bedeckt vom angetrockneten Blut und Schmutz. Weiße Strähnen durchzogen das lange, fast bis zur Hüfte reichende Haar. Die Augen lagen in tiefen Höhlen, nur das Flackern zeugte immer noch von Lebendigkeit. Erstaunlicherweise trug Trenck keinen Bart, was Amalie bei dem ansonsten ungepflegten Aussehen verwunderte. Bei näherem Hinsehen sah sie die Hautrötungen. Friedrich muss sich die Stoppeln mit den Fingern auszupfen, schoss es ihr durch den Kopf und dachte sogleich an die damit verbundenen Schmerzen an der empfindlichen Gesichtshaut. Ihre Augen wanderten den Körper hinab. Das Hemd und der darüber liegende blaue Kittel waren zerschlissen und an den nicht vorhandenen Nähten zusammengebunden. Zumindest ließ sich die Hose an den Seiten zusammenknöpfen. An seinem sehnigen Hals lag ein handbreites Eisen, und auch um dem Leib hatte man einen solchen Ring geschmiedet. Eine dort befestigte Kette war mit einer Armstange verbunden, an deren beiden Enden die Hände in Schellen steckten. Trenck hatte keine

Möglichkeit, mehr als drei oder vier Schritte zu gehen, denn die Ketten an den Füßen waren an einem in der Mauer befestigten Ring festgeschmiedet.

Freiherr von der Trenck.

Eine Bewegung an seinem Hals ließ sie wieder nach oben blicken. Was war das? Eine Maus? Ja! Auf Friedrichs Schultern lief tatsächlich eine Maus entlang und fiepte vergnügt vor sich hin! Du musst dich nicht fürchten, versuchte Trenck seine Berliner Freundin zu

beruhigen. Sie ist ganz zahm. Er streckte die mit schlecht verheilten Wunden übersäte Hand nach Amalie aus. Sie sah die schmutzigen, teils abgebrochenen Fingernägel und die entzündeten Nagelbetten. Als Trenck ihr Gesicht berühren wollte, wich sie instinktiv zurück. Wollen wir uns nicht setzen? sagte sie schnell und nahm auf dem Stuhl Platz. Trenck ließ die Hand sinken und bewegte sich mit schlurfenden Schritten auf einen Mauervorsprung zu, wo er sich niederließ.

Amalie unterdrückte ein Zittern und umklammerte mit ihren Händen die Bibel auf ihrem Schoß. Sie sagte sich, dass sie nicht hierher hätte kommen dürfen. Ach, hätte sie ihn doch in Erinnerung behalten wie sie ihn kennengelernt hatte, so jung, kühn, voller Ideale und Elan. Sie war alles andere als ein scheues Reh, doch das Wissen über seinen Zustand ging einfach über ihre Kräfte. Erst allmählich wurde ihr bewusst, dass Friedrich zu ihr sprach. Er redete wie ein Wasserfall. Endlich war da jemand gekommen, dem er sein Herz ausschütten konnte. Sie hörte seinem Bericht geduldig zu, der von seinen Fluchtunternehmungen handelte. Zwei, drei oder viermal hatte es der Unglückliche schon versucht. Mit Herkulesarbeit habe er sich immer wieder in die Erde gewühlt, um einen Tunnel in die Freiheit zu graben. Amalie konnte sich allerdings nicht vorstellen, dass Trenck in der Lage gewesen sein sollte, sich seiner Hand- und Fußschellen zu entledigen, ohne dass bei der täglichen Visitation etwas auffiel. Doch sie wollte ihm gern Glauben schenken. Ja, ein Aufschneider war er schon immer gewesen. Ebenso wie er zur maßlosen Übertreibung neigte. Vielleicht entsprang seine Erzählung ja nur seiner Fantasie, und aufgrund der vielen Jahre der Isolation konnte er zwischen Wunschtraum und Wirklichkeit nicht mehr unterscheiden. Trenck haderte nicht sehr

mit seinem Geschick, wenngleich er einen ganzen Eimer Schmähworte über den tyrannischen Festungskommandanten General von Borck ausschüttete. Er sei ein wahrer Menschenfeind. Aber über den Vize-Gouverneur, den Landgrafen von Hessen, wusste er nur Gutes zu berichten. Seitdem derselbe sein Amt angetreten hatte, habe er sich zur Mäßigung bereit gefunden. Er habe begonnen zu dichten und Satiren zu schreiben. Mit seinem Blut beschreibe er die Ränder und Leerseiten von Bibeln, die man ihm überlassen habe. Sein neuester Zeitvertreib sei das Gravieren von Zinnbechern, mit denen er auf sein Schicksal aufmerksam machen wolle. Leider würde er nur Gelegenheit zum Gravieren finden, wenn die wachhabenden Offiziere die Zellentür aufschlossen, um ihm etwas Frischluft und Tageslicht zu gönnen. Amalie kannte die Becher, die in Magdeburg reißenden Absatz gefunden hatten. Sie selbst besaß einen:

Bahne mir die rechte Strasse,
Die zu Friedrichs Grossmut führt!
Nimmer soll Dir das gereuen,
Was dein Vorwort für mich spricht.
Und so nimm mein Glück und Herz
Mit dem Becher in die Hände!
Sorge, wache für den Trenck
Und mach seiner Qual ein Ende!

Ein Klopfen an der Tür erinnerte an das Ende der Besuchszeit. Schnell versprach sie Trenck, für ihn ein gutes Wort einzulegen. Dann erhob sie sich, erinnerte sich an die Bibel in ihrer Hand und legte sie auf die Pritsche. Leb wohl, Freund, sagte sie mit heiserer Stimme, und wandte sich zur Tür. Sie blickte nicht mehr zurück.

Tatsächlich hatte Amalies Fürsprache eine Verbesserung der Haftbedingungen erwirkt. Trenck konnte es ihr in seinen Memoiren nicht genug danken: »Diese große Kennerin echter Verdienste hatte mir im Unglück, im tiefsten Schlamm menschlicher Erniedrigung alle damals mögliche Merkmale ihres Mitleidens, auch ihrer Gnade u. Achtung entdeckt ... Sie hatte mir die Freiheit, Licht zu brennen, erwirkt.«

Doch außer der besagten Erlaubnis, bei Licht zu arbeiten, konnte Amalie nichts weiter für ihn tun. Zwar stand sie ihrem königlichen Bruder am nächsten, allerdings hatte Friedrich II. solange der Krieg noch andauerte, weiß Gott andere Probleme.

Kurz nach Amalies 36. Geburtstag traf der Befehl zur Rückkehr nach Berlin ein. Während die Königin mit ihrem Gefolge bereits am 24. November aufbrach, verließ Amalie die Stadt an der Elbe etwas später. Erst am 2. Dezember traf sie in Berlin ein. Es bleibt Spekulation, ob die Äbtissin von Quedlinburg in dieser Zeit noch einmal die Kasematten der Festung aufgesucht hat.

Doch wer gehofft hatte, nicht noch einmal die Koffer packen zu müssen, wurde enttäuscht. Als der Berliner Hof am 19. März 1760 wieder in Magdeburg anlangte, dauerte der Aufenthalt fast drei Jahre.

Die Gesellschaft vertrieb sich die zur Ewigkeit mutierende Zeit mit Ausflügen in die Umgebung, Musizieren, gegenseitigen Besuchen und natürlich dem Spiel. Amalie befand sich aufgrund der enormen Verluste einmal mehr in argen Geldnöten. Um ihre finanzielle Situation zu verbessern, hatte sie kurz nach der Öffnung des Testaments der Königin-Mutter ihren Anteil aus dem Erbe, das überwiegend aus Schmuck bestand, veräußert. Davon war nun scheinbar nichts mehr übrig. Zudem war die Äbtissin wütend, da der

König ihr Vorrecht, Münzen prägen zu lassen, untersagt hatte. Aber was soll's, das Leben musste halt weiter gehen. Ja, es bedurfte schon guter Einfälle, um die Langeweile nicht aufkommen zu lassen. Amalie war jedoch immer für eine Überraschung gut. »Concert bei der Prinzessin Amalie; ein Mönch, welcher als Geisel hierher geschickt worden ist, spielte sehr schön Violine«, notierte Sophie Marie Gräfin von Voss, die spätere Oberhofmeisterin von Königin Luise, am 15. März 1761 in ihr Tagebuch, und am 20. April lesen wir: »Abends waren wir bei der Prinzessin Amalie, die immer die tollsten Ideen hat. Sie will, dass die Herren bei dem nächsten Fest, das sie giebt, als Damen gekleidet erscheinen und hat diese thörichte Maskerade auf den kommenden Mittwoch angesetzt.« An jenem Tage erschienen die Herren tatsächlich als Damen und die Damen als Herren, und die Äbtissin »trug den Anzug eines Geistlichen!«

Mittlerweile schien der Krieg ein notwendiges Übel geworden zu sein. Während wegen der Teuerung von Getreideprodukten überall Not und Elend herrschte, amüsierte sich die Gesellschaft in Magdeburg wie in der guten alten Zeit. Im Oktober 1761 berichtete Lehndorff, dass er und drei weitere Gäste bei Amalie soupiert und zusammen 200 Austern verspeist hätten. Prinz Heinrich fand sogar Gelegenheit, in Meißen Porzellan zu kaufen, welches er Amalie zum Geschenk machte. Auch bedachte ihr Bruder sie bald mit einem neuen Kleid und einem Gespann mit acht Pferden. Außerdem ordnete er die Renovierung von Schloss Rheinsberg an. Für Amalie ließ er eine eigene Wohnung, bestehend aus drei Räumen in der ersten Etage, herrichten. »Sie soll sich keine Sorgen machen. Ich werde sie immer unterstützen«, hatte er einmal an Ferdinand geschrieben.

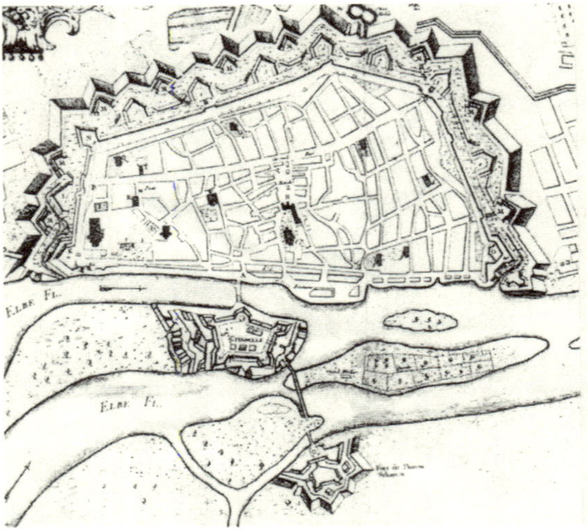

Festung Magdeburg, Stich von 1757.

Amalie sollte im Laufe ihres Lebens eine Reihe von Beinamen erhalten, darunter »dicke Lily«, »heilige Cäcilie, »böse Fee« und »alte Hexe«. Während der Dauer des Siebenjährigen Krieges tuschelte man hinter vorgehaltener Hand, sie sei der »Hauptspion« ihres königlichen Bruders. So habe sie laut Thiébault »ganze Tage für den König Karten schlagen« lassen. Es war das Jahrhundert der Scharlatane. So genannte Wahrsager und Wunderheiler fanden gerade in der höheren Gesellschaft eine gutgläubige und -zahlende Kundschaft. Da die Äbtissin sich bekanntlich für alles und jedes interessierte, hat sie sich auch mit dem Okkultismus auseinandergesetzt. In diesen Zusammenhang passt auch Lehndorffs Beobachtung vom »exzentrischen Wesen« der Prinzessin. »Ich habe sie manch-

mal an ihrem Schreibtisch sitzen sehen inmitten von Büchern über Physik und Metaphysik und solchen von Don Bougre, von Massillon und Bourdaloue, vor ihr menschliche Gliedmaßen, die sie seziert hatte, während sie über Politik schrieb, alles das, um behaupten zu können, dass sie alles verstünde und nichts unversucht gelassen hätte. Auch sagte man von ihr, dass sie Untersuchungen über gewisse Unterschiede zwischen Negern und Weißen angestellt habe. Sie war ein nach allen Richtungen außergewöhnliches Wesen. An einem Tage war sie die Pracht, der Luxus selbst, am anderen bereitete sie sich ihr Essen selbst in ihrem Kamin und kleidete sich wie ein Mädchen aus der Gasse. Sie wohnte entweder in prachtvoll ausgestatteten Räumen oder in einem kleinen weißgetünchten Zimmer mit einem hölzernen Stuhl und Tisch.«

Freilich konnten weder Orakelfragen, Zaubersprüche noch Fürsprachen beim »lieben Gott« seitens der Äbtissin etwas ausrichten, sondern es bedurfte der Zungenfertigkeit der Diplomaten. Am 15. Februar 1763 wurde der Siebenjährige Krieg im Hubertusburger Frieden für beendet erklärt. Eine Woche später brach der Hof in Magdeburg seine Zelte ab.

»Wozu nutzten alle Bäder«

Dass es mit der Gesundheit der Äbtissin von Quedlinburg nicht zum Besten stand, trat erst unmittelbar nach dem Ende des Siebenjährigen Krieges zu Tage. Bislang hatte Amalie offenbar über eine recht robuste Konstitution verfügt. Nur in Magdeburg hatte sie eine Weile an einem »lahmen Fuß« laboriert, wie Lehndorff beobachtete.

DOCH NUN, DA Amalie mit großen Schritten auf die Vierzig zuging, machten sich die Gebrechen des Alters mit einem Mal bemerkbar. »Die Prinzessin Amalie ist sehr kränklich; sie bekommt Zufälle, die für sie fürchten lassen«, notierte Lehndorff im April 1763 in sein Tagebuch. Als der Arzt Amalie zur Kur riet, erklärte sich der König spontan bereit, die Kosten zu übernehmen. Doch da hatte er wohl den Mund zu voll genommen. Mit 4000 Talern brandenburgischem Geld wurde nur ein Teil der zu erwartenden Reisekosten abgedeckt. Amalie hatte offenbar so etwas geahnt und nahm 10000 Taler »altes Geld« mit.

Am 12. Mai brach Amalie in Richtung Aachen auf. Die Stadt Karls des Großen war über die Grenzen hinaus berühmt für ihre Thermalquellen. Aus ganz Europa kamen die zumeist prominenten Gäste. Das gesellschaftliche Leben in der Stadt pulsierte wie die heißen Quellen. Zwischen Bade- und Trinkkur amüsierte man sich auf Bällen und Konzerten, im Theater oder beim Glücksspiel.

Wie der Zufall es wollte, sollten sich die Lebenswege Amalies und Trencks noch einmal kreuzen,

wenngleich nur indirekt. Ende Dezember 1763 hatte Trenck endlich sein Verlies als freier Mann verlassen können. In seinen Memoiren verteidigte er vehement die Ansicht, dass Amalie hinter seiner Befreiung stünde. Demnach hätten am 21. Dezember 1763, als der König sich in guter Laune befand, »Ihre Majestät die Königin, die Prinzess Amalia« und Kronprinz Friedrich Wilhelm den kaiserlichen Minister General Ried erinnert: »Jetzt sei es Zeit, für den Trenck zu sprechen!« Thiébault will aus Trencks Munde aber folgende abenteuerliche Geschichte erfahren haben, die zu seiner Freilassung geführt hatte: Ein Parkettbohner, »der jeden Morgen um sechs Uhr im Schlafgemach der Kaiserin das Kaminfeuer« entfachte, wurde durch einen Agenten Amalies beauftragt, bei seiner allmorgendlichen Arbeit, »wobei Maria Theresia zuweilen mit dem Manne« ein paar Worte zu wechseln pflegte, »in geschickter Weise die Gedanken der Kaiserin mit dem Gefangenen von Magdeburg zu beschäftigen«. Und tatsächlich, »sie schritt zu seinen Gunsten ein, und Friedrich mochte ihr wohl die Bitte, die erste nach dem Abschluss des Hubertusburger Frieden, nicht abschlagen.« Doch weder die eine noch die andere Geschichte stimmt, denn im besagten Friedensvertrag war eine gegenseitige Amnestie vereinbart worden. Der österreichische Gesandte Freiherr von Ried sprach im Auftrag der Kaiserin in Berlin vor und erreichte Trencks Entlassung. Am 20. Dezember schrieb Friedrich nach Magdeburg, dass Trenck in »Freiheit gesetzt werden soll«. Als der Baron von der frohen Kunde erfuhr, fiel er in Ohnmacht. Am 29. Dezember verließ er Magdeburg in Richtung Prag. In Wien stand er einige Wochen unter Arrest, ehe er den Titel eines Obristwachtmeister verliehen bekam. Aufgrund seines angegriffenen Gesundheitszustandes

suchte er im Sommer 1765 die Bäder von Aachen auf. Ende des Jahres schloss er mit der jüngsten Tochter des Aachener Bürgermeisters de Broe zu Diepenbendt den Bund fürs Leben ...

Amalies Kuraufenthalt muss wenig oder gar nicht geholfen haben. »Eure Majestät würden schmerzlich berührt sein«, schrieb die greise Gräfin Camas am 26. Oktober 1764 an den König, »wenn Sie die Frau Prinzessin Amalie, welche sich so schrecklich verändert hat, wiedersehen. Wozu nutzten alle Bäder, die man am Ende der Welt aufsucht, während ich, ohne aus meiner Stube herauszugehen, mich aus der Affäre ziehe und das in Wahrheit noch ganz gut für mein Alter.« Und auch Prinz Heinrich war »sehr über ihren traurigen Zustand betroffen, an dem ich keine Veränderung gegenüber vorher feststellen konnte. Der einzige Unterschied war, dass sie sehr gute Laune hat und viel fröhlicher ist. Hoffentlich bleibt es so, denn ich fürchte, wenn sie wieder allein ist, fällt sie in die alte Traurigkeit zurück.« Traurigkeit? Welchen Kummer trug Amalie wohl in ihrem Herzen? Heinrich hatte jedoch eine Lösung, um Amalies Stimmung zu heben: »Man muss sie unterhalten, das ist das Einzige, was man für sie tun kann.«

Tatsächlich bemühten sich die Brüder immer wieder, ihre Schwester aufzuheitern. So schlüpfte der König Mitte Januar in die Rolle des Haushofmeisters und richtete bei ihr ein Diner aus. Im August des folgenden Jahres war es Prinz Heinrich, der sich etwas Besonderes hatte einfallen lassen. In Rheinsberg richtete er ein Fest aus, dass ganze achtzehn Tage dauerte. Dabei hatte Heinrich weder Kosten noch Mühen gescheut, um jeden einzelnen Tag zu einem unvergesslichen Ereignis werden zu lassen. Es gab Theateraufführungen, Konzerte und Maskenbälle. Ent-

spannung boten Gondelfahrten, Spaziergänge und Picknicks. Das Fest der vier Jahreszeiten wurde durch ein Feuerwerk gekrönt und ein Jahrmarkt versetzte die Gesellschaft in die Kindheit zurück. Amalie »fühlt sich einigermaßen gut«, schrieb der Gastgeber an Prinz Ferdinand. »Sie ist aber sehr schwach. Doch sie hatte gute Laune und an allem ihre Freude. Das Fest hat ihr sehr gefallen.«

Prinz Heinrich.

Auch andere Familienmitglieder unternahmen Anstrengungen, Amalie Lebensfreude zu vermitteln. »Ich sehe eine reizende Operette«, schrieb Lehndorff im Januar 1766 in sein Tagebuch, »welche die junge Prinzessin von Preußen mit ihren beiden Brüdern,

den braunschweigischen Prinzen, aufführt. Es handelt sich um ein kleines Fest zu Ehren der Prinzessin Amalie.« Die im Juli 1764 geschlossene Ehe zwischen Kronprinz Friedrich Wilhelm und seiner Cousine Elisabeth Christine Ulrike von Braunschweig hielt jedoch nicht stand. Die notorische Untreue ihres Gemahls veranlasste die Prinzessin, es mit gleicher Münze heimzuzahlen. Berlin hatte seinen Skandal. Da König Friedrich nicht mehr ausschließen konnte, dass ein Bastard die Hohenzollern-Linie fortsetzen würde, sah er sich im Frühjahr 1769 gezwungen, einer Scheidung zuzustimmen. Eine »Ersatzbraut« war schnell gefunden: Friedricke Luise von Hessen-Darmstadt.

Bereits im Frühjahr 1769 schrieb Amalie an die Mutter der Braut in spe, Landgräfin Caroline, um sie vor der ganzen Hohenzollernfamilie zu warnen. »Ich leide darunter, dass ich Ihnen dergleichen enthüllen muss ... Lassen Sie mich, Madame, einen Augenblick Atem schöpfen ... Ich habe kein anderes Interesse, alle diese fürchterlichen Mysterien zu entschleiern als das, jemanden [Friedericke Luise] vor Unglück zu bewahren, der Ihnen teuer ist ... Ich kann unmöglich ein Vergnügen darin finden, die Schlechtigkeiten meiner nächsten Verwandten an die große Glocke zu hängen ... Ich fühle, Madame, dass ich anfange, Ihre gute Meinung einzubüßen, indem ich so unverhohlen spreche. Sie werden denken, dass ich recht maliziös geworden sei, wenn Sie sehen, dass ich an Niemanden etwas Gutes lasse; aber, um die Wahrheit zu sagen, und bei mir selbst angefangen: Der ganze Laden taugt nichts!« Prinz Heinrich, der Amalies intrigante Ader nur zu gut kannte, versuchte der »Großen Landgräfin« die Gründe für das Verhalten seiner Schwester zu erklären. »Was eine gewisse Äbtissin anlangt, so haben die Zurückgezogenheit, in der sie lebt, und

ihre körperliche Gebrechlichkeit einen großen Einfluss auf ihren Geist. Sie ist von Herzen gut, aber ihre Stimmung wechselnd und ihr Urteil selten bestimmt; man verbirgt ihr daher alles, was sie beunruhigen könnte, obgleich sie sehr neugierig ist.«

Hinsichtlich der körperlichen Gebrechlichkeit, die Heinrich erwähnte, sollte sich Amalies Zustand sogar noch einmal dramatisch verschlechtern. »Meine Schwester Amalie hat uns einen großen Schrecken versetzt«, schrieb Friedrich II. Ende Oktober 1772 an die Landgräfin. »Sie dachte, ihr Ende wäre gekommen, da sich die Anzeichen eines Schlaganfalls zeigten. Doch glücklicherweise hat der Arzt sie gerettet.« Erst zwei Monate später fühlte sich Amalie kräftig genug, um zur Feder zu greifen. Für den Brief an ihre Schwester Charlotte brauchte sie jedoch vier Tage. »Ich hätte nicht gedacht, meine liebe Schwester, dass ich jemals wieder das Vergnügen hätte Ihnen zu schreiben; Charon erwartete mich schon mit seinem Kahn, sein Opfer war kurz davor niedergestreckt zu werden, doch durch eine besondere Gnade des Himmels lebe ich noch. Ich scherze nicht, es ging mir sehr schlecht. Zur Zeit geht es mir besser, meine Schwindelanfälle sind gänzlich vorüber, aber mein Kopf ist extrem schwach. Ich kann mich mit nichts beschäftigen. Mein Blut setzt sich vorher in Bewegung und bringt meinen ganzen Körper durcheinander. In einem Wort: Ich habe die Krise überstanden.«

Was hielt Amalie aufrecht? Das ist schwer zu sagen, doch ihre große Leidenschaft, die Musik, gehörte ganz sicher dazu. Sie lag ihr wie auch den meisten ihrer Geschwistern im Blut. Schon als kleines Mädchen hatte Amalie mit Begeisterung auf dem Spinett herumgeklimpert, sehr zum Leidwesen ihrer Umgebung. Ersten Musikunterricht erhielt sie offenbar von

ihrem Bruder Friedrich. »Ich versichere Ihnen«, schrieb sie ihm am 24. April 1738, »dass ich mir alle Mühen der Welt gebe, um das, was Sie mich gelehrt haben, gut zu behalten; aber meine Kehle ist so frech gewesen, dass ich nicht mehr singen konnte.« Ein halbes Jahr später bat sie ihn, ihr Noten zukommen zu lassen. »Mein teurer Bruder, Sie wissen, dass ich mich seit einiger Zeit ein bisschen mit der Musik beschäftige«, schrieb sie am 8. September 1738, »und ich brenne vor Lust mich darin zu perfektionieren. Hätten Sie die Güte, mir in dieser noblen Absicht zu helfen und mir einige nette Stücke zuzusenden, mit denen ich weiter üben könnte?«

Friedrich Wilhelm I.

Amalies erster Musiklehrer war Gottlieb Hayne, ab 1758 nahm sie Unterricht bei Johann Philipp Kirnberger, einem Schüler Johann Sebastian Bachs. Kirnberger, ein Verfechter der »alten Lehre«, machte die Äbtissin mit der Kontrapunkttechnik bekannt. Ihre Musikanschauung war rückwärts gewandt, und sie übte harsche Kritik an vielen Musikern ihrer Zeit. Als Johann Abraham Peter Schulz es wagte, eines seiner Werke Amalie widmen zu wollen, stampfte sie »das Musikalische Notengekläckere seines Kindes« in Grund und Boden. Sie selbst hinterließ eigene Werke, darunter geistliche Vokalwerke und Marschmusik. Sie vertonte aber auch Texte aus Romanen oder Gedichten wie »Wenn ich einsam zärtlich weine« oder »Dir folgen meine Tränen«. Wenn sie ein neues Stück komponierte, war ihr Zimmer mit Notenblättern verwüstet. Dabei stellte sie an sich hohe Anforderungen. »Wenn es mir nicht gelingt, bin ich für den Rest des Tages schlechter Laune, und da ich nicht immer bereit bin ernsthaft nachzudenken, passiert mir dies sehr oft, dass ich sehr mürrisch bin.«

Amalie spielte Laute, Klavier und Flöte. Irgendwann versuchte sie sich sogar auf der Violine, wenngleich sich ihr Können in Grenzen hielt, wie sie ironisch ihrer Schwägerin Wilhelmine offenbarte: »Ich vollbringe Wunder für mich! Ich werde die Grauns, Hasse und die Bendas sicherlich mit meinem Violinspiel übertreffen. Mein Strich mit dem Bogen ist so leicht und so sanft, dass die Maupertius sich die Ohren zuhält und mir schwört, dass ich sie bis auf den Grund ihrer Eingeweide quäle. Weckt dies in Ihnen, teure Schwester, nicht den Wunsch mir einmal zuzuhören, oder gar den edlen Eifer sich auf dem Instrument, das Sie spielen, zu perfektionieren, um schließlich mit mir zusammen zu musizieren?«

Amalies größtes Faible war aber die Orgel. Mitte der 1750er Jahre ließ sie sich für 2000 Taler eine Hausorgel bauen. »Heute in 8 Tagen wird meine Orgel ganz fertig sein«, schrieb sie triumphierend an Prinzessin Heinrich. »Zur Stunde wird sie gestimmt, was eine teuflische Musik ergibt.« Wenig später konnte sie stolz berichten: »Eine große Neuigkeit, meine liebe Schwester: sehr interessant für mich, weniger für Sie. Heute habe ich zum ersten Mal auf meiner Orgel gespielt.« Die Hausorgel hatte ihren Platz im Balkonzimmer des Berliner Schlosses. Amalie liebte es bei offenen Türen zu spielen und dem zusammengelaufenen Volk ein kostenloses Konzert zu geben. Als Amalie 1764 in ihr just erworbenes Palais Unter den Linden Nr. 7 (die nachmalige Russische Botschaft) einzog, ließ sie die Orgel dorthin umsetzen. Im Jahre 1772 kaufte die Äbtissin für 21.500 Taler noch ein weiteres Haus. Das vom Baron Vernezobre erbaute Palais in der Wilhelmstraße 102 bewohnte sie aber nur in den Sommermonaten. 1776 ließ sie sich auch in dieses Palais eine Hausorgel einbauen.

Amalies Neffe Prinz Louis Ferdinand von Preußen, ein Sohn von ihrem jüngsten Bruder Ferdinand, durfte zuweilen auf den Orgeln spielen. Sie hatte sein musikalisches Talent entdeckt und gehörte zweifellos zu seinen Förderern. Seine Schwester Luise, spätere Fürstin Anton Radziwill, war auf die Zuneigung der Tante zu ihrem Bruder eifersüchtig, denn »Prinzessin Amalie behandelte mich stets mit Härte. Sie liebte im allgemeinen keine kleinen Mädchen und bedauerte, dass sie nicht selber ein Knabe war.« Amalie beneidete die Männer, die tun und lassen konnten, was sie wollten. Wenn sie in ihrer Ehe unglücklich waren, nahmen sie sich einfach eine Geliebte. Umgekehrt war das unmöglich, wie das Schicksal der Kronprin-

zessin Elisabeth, die nunmehr in Stettin in der Verbannung lebte, gezeigt hatte. Tatsache war, dass die Äbtissin Kinder nahezu abgöttisch liebte. Da ihr die Freuden der Mutterschaft versagt geblieben waren, schenkte sie ihre ganze Aufmerksamkeit fremden Kindern, vorzugsweise Jungen. »Sie umgab sich auch mit anderen Knaben«, erinnerte sich Prinzessin Luise, »die sie Kunstreitern und Seiltänzern abkaufte, um sie deren Einfluss zu entziehen und ihnen eine christliche Erziehung zu sichern. Die Prinzessin sorgte dauernd für sie, schickte sie in die Joachimstaler Schule und ließ sie zweimal wöchentlich zu sich kommen. Leider verzog sie die Jungen aber auch und nötigte sie, ihr gegenüber einen familiären Ton anzuschlagen.« Lehndorff berichtete in diesem Zusammenhang eine absonderliche Anekdote, wonach ihre Schwester, die Königin von Schweden, ihn gar gefragt hätte, »ob es wahr sei, dass sie ein Kind geboren und dies zerstückelt und im Kamin verbrannt habe. Was diesen Punkt anbetrifft, so bin ich gewiss, dass es Verleumdung ist; sie liebte die Kinder viel zu sehr, um sie zu verbrennen. Sie las sich solche aus den Straßen aus, um sie erziehen zu lassen, sie hatte immer Kinder um sich und behandelte sie so zärtlich, dass die Leute behaupteten, es seien ihre eigenen. So weiß ich dies von kleinen Juden, kleinen Negern und Bauernkindern.«

Das Ende

Die letzten Lebensjahre lebte Amalie relativ zurückgezogen. Nur selten erschien sie in der Öffentlichkeit. Bei der Konfirmation ihrer Nichte Luise machte sie ihrem Ruf, eine »alte Hexe« zu sein, noch einmal alle Ehre. Die Tochter von Prinz Ferdinand konnte es der Tante kaum recht machen. Als es dem Mädchen nicht gleich gelang, die wegen Amalies Lähmung steifen Handschuhe auszuziehen, riss der Dreiundsechzigjährigen der Geduldsfaden, und sie schalt ihre Nichte ein »dummes Ding«.

ZUWEILEN KAM DER »alte Fritz« auf Besuch. Wenn er zur Mittagstafel erschien, ließ er es sich nicht nehmen, das Brot und Fleisch zu schneiden. Doch da an seinen Händen Schnupftabak klebte, war das Essen am Ende ungenießbar. Friedrich und Amalie wussten, dass ihre Tage gezählt waren. Fünf ihrer Geschwister, Wilhelmine, August Wilhelm, Sophie, Ulrike und Friederike, waren ihnen schon vorangegangen. Im Winter 1785/86 sah es fast so aus, als ob auch Ferdinand sterben würde. Amalie begab sich sofort in sein Palais und bestürmte die Ärzte mit Fragen und gab ungebetene Ratschläge. Den Familienangehörigen wiederum nahm sie die letzte Hoffnung, »indem sie uns allerlei böse Vorzeichen erzählte, denen sie Glauben schenkte«, erinnerte sich Fürstin Luise Radziwill. »Eines Donnerstags, als es meinem Vater sehr schlecht ging, erklärte Prinzessin Amalie, er werde morgen sterben, denn ihrer Überzeugung nach stürben die Menschen nur am Freitag. Es trat

jedoch gerade an diesem Tage eine günstige Krisis ein, so dass mein Vater für außer Gefahr erklärt werden konnte. Weit entfernt, unsere Freude darüber zu teilen, entrüstete sich die Prinzessin geradezu über unsere Leichtgläubigkeit und blieb noch bis Mitternacht im Palais, indem sie so tat, als ob mein Vater im Sterben läge.«

Während Ferdinand dem Tod noch einmal von der Schippe gesprungen war, ging es mit dem großen Friedrich zu Ende. Am 15. August 1786 starb er in seinem Refugium »Sanssouci«. Amalie betrauerte ihn aufrichtig, auch wenn er vermutlich verantwortlich war, für den Lebensweg, den sie hatte gehen müssen. Ferdinand gegenüber äußerte sie, dass sie Friedrich bald folgen wolle.

Nachdem Friedrich II. nicht mehr unter den Lebenden weilte, hatte Friedrich Freiherr von der Trenck die Gunst der Stunde genutzt, um seinen Frieden mit dem neuen Monarchen Friedrich Wilhelm II. zu machen. Er reiste nach Berlin, wo ihm der König eine Audienz gewährte. Trotz aller Repressalien, die der Baron durch sein Heimatland erfahren hatte, war er stolz, als sein ältester Sohn nun in den preußischen Militärdienst eintrat. Am Abend vor seiner Abreise, berichtete Trenck im dritten Band seiner Lebenserinnerungen, ließ er sich schließlich bei Amalie melden.

Das wahre Glück hatte wohl keiner von beiden wirklich gefunden. Amalie hatte sich mit ihrem Schicksal mehr oder weniger arrangiert, doch durch ihre Launen ließ sie ihre Umgebung Tag für Tag spüren, dass sie an einem zerbrochenen Herzen litt. Die lebenslustige Amalie, die in ihrer Jugend bewundert und verehrt wurde, gab es nicht mehr. An ihrer Stelle befand sich eine verbitterte, gesundheitlich geschwächte, alte Frau. Und Trenck? Nach seiner Festungshaft

hatte er versucht, ein bürgerliches Leben zu beginnen. Der achtfache Vater verdiente sich als Publizist, wodurch er sich nicht immer Freunde machte. Er bereiste Frankreich und England und ließ sich schließlich in Niederösterreich nieder. Doch er war und blieb unfähig, ein ruhiges und vor allem schuldenfreies Leben zu führen. Trotz zahlreicher Geldzuwendungen in Form von Pensionen von Österreich und endlich auch Preußen verlangte er stets mehr Unterstützungen und Wiedergutmachungen. Der Choleriker und Selbstdarsteller fühlte sich immer nur als Opfer von Intrigen und Verleumdungen. Eines Tages sollte der gescheiterte Baron Frau und Kinder im Stich lassen und nach Paris gehen. Dort sollte schließlich das Fallbeil der Guillotine sein Abenteuerleben beenden ...

Außer Erinnerungen verband Amalie und Trenck nur noch das Wohl seiner zweiten Tochter, Karoline Amalie. Am 16. März 1771 hatte Amalie in einem Schreiben an Trenck ihre Bereitschaft erklärt, die Patenschaft zu übernehmen. »Ich beglückwünsche Sie, Monsieur, zur Geburt Ihrer Tochter, und da mich Ihr Schicksal immer interessiert hat, nehme ich mit Freuden an, deren Patentante zu sein, indem ich Ihnen versichere, dass ich an allen glücklichen Ereignissen, die Sie erleben, teilnehme. Hochachtungsvoll, Monsieur, Ihre Ihnen zugeneigte Amélie.« Das ist das einzig existierende Schriftstück, das eine Bekanntschaft zwischen Amalie und Trenck beweist. Höflich abgefasst, entstammte es bis auf die Unterschrift nicht Amalies Feder. Allerdings ist es in zweierlei Hinsicht ungewöhnlich. Einerseits hatte Trenck den Zorn Friedrichs des Großen herausgefordert, wofür er fast zehn Jahre seines Lebens im Kerker verbüßt hatte. Andererseits war Trenck 1771 nach wie vor untersagt, auch nur einen Fuß auf preußischen Boden zu setzen.

»Diese wirklich große Frau«, lesen wir in Trencks Memoiren, »welche wegen ihrer Scharfsicht allein die Ehre genoss, Friedrichs ganze Liebe und sein unbegrenztes Vertrauen zu besitzen, die mich in allen Drangsalen meines Lebens schützte und mich mit Wohltaten überhäufte, die auch im Grunde das meiste zu meiner Befreiung beigetragen hatte und mich während meines jetzigen Aufenthaltes nicht als einen fremden Officier sondern als alten Patrioten und Freund aufnahm und distinguierte, befahl mir, ich sollte sogleich an meine Frau schreiben und ihr auftragen, dass sie nebst ihren beiden ältesten Töchtern im Juni nach Berlin kommen sollte. Sie versprach mir die Versorgung dieser Töchter, auch im Testament an meine Frau zu denken. Bei dem Abschiede sogar fragte sie mich mit den liebreichsten Merkmalen einer gefühlvollen Seele, ob ich zu meinen gegenwärtigen Reisen auch mit Geld versehen sei. Meine Antwort war: Ja. Ich bedürfe jetzt nichts, empfehle aber meine Kinder.« Daraufhin nahm Amalie seine Hand. »Kommen Sie bald zurück, Freund. Ich will Sie gern bald wiedersehen!« Daraus wurde nichts, denn fünf Tage nach diesem denkwürdigen Wiedersehen starb Amalie.

Der Tod der Äbtissin am 30. März 1787 traf die königliche Familie ziemlich überraschend, wie sich Fürstin Luise in ihren Aufzeichnungen erinnerte. »Die Prinzessin Amalie starb im März 1787 völlig unvorhergesehen an einer Krankheit, die man für so ungefährlich gehalten hatte, dass wir von einem großen Diner bei meinen Eltern hinweg an ihr Sterbebett berufen wurden. Sie verschied in demselben Augenblick, in dem wir ihr Zimmer betraten.« Noch am Morgen hatte sich Amalie nach dem Wochentag erkundigt. Als sie erfuhr, es sei Freitag, »zweifelte sie nun nicht mehr an ihrem noch bevorstehenden Ende«.

Prinzessin Anna Amalia,
Gemälde von Anna Dorothea Therbusch 1771.

Hinsichtlich ihres Erbes spielte Amalie allen einen Streich. Weder hatte sie ihren Lieblingsneffen Louis Ferdinand bedacht noch Trencks Frau und Töchter. Ihre beiden Palais vermachte sie den beiden ältesten Söhnen des regierenden Königs. Ihre Bücher und ihre umfangreiche Musikaliensammlung (die sogenannte Amalienbibliothek), die u.a. Werke von Johann Sebastian Bach enthält, hinterließ sie dem Joachimsthalschen Gymnasium. (Heute befindet sie sich in der Deutschen Staatsbibliothek Berlin.)

Stift Quedlinburg.

In Quedlinburg läuteten anlässlich des Todes der Äbtissin vier Wochen lang die Kirchenglocken. Doch Amalie sollte nicht in der Stiftskirche ihre letzte Ruhestätte finden, sondern in der Hohenzollerngruft im Berliner Dom. Nachfolgerin im Amt wurde ihrem Wunsch entsprechend ihre Nichte Sophie Albertine von Schweden.

»Sie hatte viele gute Seiten«, schrieb Prinz Heinrich unmittelbar nach dem Tod seiner Schwester, »aber wenn ich an das traurige Leben denke, das sie geführt hat, und an alle die Leiden, die sie ertragen musste, kann ich nur denken, dass sie glücklich sein wird, davon erlöst zu sein. Ich werde drei Monate Trauer für sie anlegen.«

Literaturnachweis

Cyran, Eberhard: Des Friedrich Freiherrn von der Trenck merkwürdige Lebensgeschichte. Memoiren und Historie. Berlin 1996

Debuch, Tobias: Anna Amalia von Preußen (1723-1787). Prinzessin und Musikerin. Berlin 2001

Feuerstein-Praßer, Karin: Friedrich der Große und seine Schwestern. Regensburg 2006

Frank, Bruno: Trenck. Roman eines Günstlings. München 1981

Giebel, Wieland (Hg.): Friedrich der Große und sein Hof. Persönliche Erinnerungen an einen 20jährigen Aufenthalt in Berlin von Dieudonné Thiébault. Berlin 2005

Giebel, Wieland (Hg.): Neunundsechzig Jahre am Preußischen Hofe. Aus den Erinnerungen der Oberhofmeisterin Sophie Marie Gräfin von Voss. Berlin 2005

Giebel, Wieland (Hg.): Die Tagebücher des Grafen Lehndorff – Die geheimen Aufzeichnungen des Kammerherrn der Königin Elisabeth Christine. Berlin 2007

Kekule von Stradonitz, Stephan: Amalia Schönhausen und ihre angebliche Abstammung von der Prinzessin Anna Amalia von Preußen und dem Freiherrn Friedrich von der Trenck. In: Zeitschrift für niedersächsische Familiengeschichte. Bd. 7. Hamburg 1925, S. 1-7

Kubitscheck, Regina-Bianca: Anna Amalia von Preußen. Äbtissin von Quedlinburg, Musikerin. in: Fried-